U0570478

印 顺 法 师 佛 学 著 作 系 列

唯识学探源

释印顺 著

中華書局

图书在版编目(CIP)数据

唯识学探源/释印顺著. —北京:中华书局,2011.4
(2025.4 重印)
(印顺法师佛学著作系列)
ISBN 978-7-101-07853-4

Ⅰ.唯… Ⅱ.释… Ⅲ.唯识宗–研究 Ⅳ.B946.3

中国版本图书馆 CIP 数据核字(2011)第 037032 号

经台湾财团法人印顺文教基金会授权出版

书　　名	唯识学探源	
著　　者	释印顺	
丛 书 名	印顺法师佛学著作系列	
责任编辑	朱立峰	
封面设计	毛　淳	
责任印制	管　斌	
出版发行	中华书局	
	(北京市丰台区太平桥西里 38 号　100073)	
	http://www.zhbc.com.cn	
	E-mail:zhbc@zhbc.com.cn	
印　　刷	北京建宏印刷有限公司	
版　　次	2011 年 4 月第 1 版	
	2025 年 4 月第 8 次印刷	
规　　格	开本/880×1230 毫米　1/32	
	印张 5　插页 2　字数 100 千字	
印　　数	12401—12900 册	
国际书号	ISBN 978-7-101-07853-4	
定　　价	26.00 元	

"印顺法师佛学著作系列"出版说明

释印顺（1906—2005），当代佛学泰斗，博通三藏，著述宏富，对印度佛教、中国佛教的经典、制度、历史和思想作了全面深入的梳理、辨析与阐释，取得了一系列重要学术成果，成为汉语佛学研究的杰出典范。同时，他继承和发展了太虚法师的人生佛教思想，建立起自成一家之言的人间佛教思想体系，对二十世纪中叶以来汉传佛教的走向产生了深刻影响，受到佛教界和学术界的的高度重视。

经台湾印顺文教基金会授权，我局于 2009 年出版《印顺法师佛学著作全集》（23 卷），系统、全面地介绍了印顺法师的佛学研究成果和思想，受到学术界、佛教界的广泛欢迎。应读者要求，我局今推出"印顺法师佛学著作系列"，将印顺法师的佛学著作以单行本的形式逐一出版，以满足不同领域读者的研究和阅读需要。为方便学界引用，《全集》和"系列"所收各书页码完全一致。

"印顺法师佛学著作系列"的编辑出版以印顺文教基金会提供的台湾正闻出版社出版的印顺法师著作为底本，改繁体竖排为简体横排。以下就编辑原则、修订内容,以及与正闻版的区别等问题,略作说明。

编辑原则

编辑工作以尊重原著为第一原则,在此基础上作必要的编辑加工,以符合大陆的出版规范。

修订内容

由于原作是历年陆续出版的,各书编辑体例、编辑规范不一。我们对此作了适度统一,并订正了原版存在的一些疏漏讹误,主要包括以下几项:

1. 原书讹误的订正:

正闻版的一些疏漏之处,如引文、纪年换算、人名、书名等,本版经仔细核查后予以改正。

2. 标点符号的订正:

正闻版的标点符号使用不合大陆出版规范处甚多,本版作了较大幅度的订正。特别是正闻版对于各书中出现的经名、品名、书名、篇名,或以书名号标注,或以引号标注,或未加标注;本版则对书中出现的经名(有的书包括品名)、书名、篇名均以书名号标示,以方便读者。

3. 梵巴文词汇的删削订正:

正闻版各册(特别是专书部分)大都在人名、地名、名相术语后一再重复标出梵文或巴利文原文,不合同类学术著作惯例,且影响流畅阅读。本版对梵巴文标注作了适度删削,同时根据《望月佛教大辞典》、平川彰《佛教汉梵大辞典》、荻原云来《梵和大辞典》等工具书,订正了原版的某些拼写错误。

4. 原书注释中参见作者其他相关著作之处颇多,为方便读者查找核对,本版各书所有互相参见之处,均分别标出正闻版和本版两种页码。

5. 原书中有极少数文字不符合大陆通行的表述方式,征得著作权人同意,在不改变文义的前提下,略作删改。

印顺法师佛学著作对汉语佛学研究有极为深广的影响,同时在国际佛学界的影响也日益突出。我们希望"印顺法师佛学著作系列"的出版,有助于推进我国的佛教学以及相关学科的研究。

中华书局编辑部
二〇一一年三月

目　　录

题唯识学探源

　　日人先有著《唯识思想史》者，留学僧墨禅曾翻译而未刊，适汉藏教理院讲师印顺亦有"唯识思想史"之作，先就其半，乞余检定。余告以唯识思想史，已有成书，别命他名为妥。闻之，因仅述至唯识学未成立前而止，余遂为题曰"唯识学探源"。唯识固原本佛言，而阅此则知转辗于部派思想，起非一缘，流长而源远矣，洵堪为学者探究之一异门方便云。

太　虚

民国三十三年十二月序于渝寓

自　序

　　妙钦与光宗法师,愿意负责印行本书,为本书服务;因此取出多年的旧稿,从头校读一遍,拿去校印流通。此时而能有此事,自然也有一番法喜!

　　这是民国二十六年秋天的事了。我在武昌,读到了日人结城令闻氏的《关于心意识的唯识思想史》(原题已忘);作者的努力,使我钦佩。然因为见地不同,当时就想另写一部唯识思想史。不过,病多、事大,总是拖延又拖延,一直没有落笔。二十八年冬天,我在缙云山。月耀法师鼓励我,愿与我合作,代为笔记;这才向法尊法师商量稿纸,开始我的工作。谁知道写不到四分之一,他为了环境所迫,不能不暂时去照料油盐柴米;我也鼓起从来未有的勇气,到贵阳去,写作暂时停顿。一切是无常的!特别是乱离之世;动乱是世间的实相,这算得什么! 夏天,我自己继续写下去,把唯识学的先驱思想写完。把原稿寄呈太虚大师,虚公以为《唯识思想史》已有人译出,预备出版,不必再写下去。此文可以自成段落,称为《唯识学探源》。当时,我受求真意志的指导,开始转移思想到佛教的另一角,所以就此结束。我没有贯彻初衷,有愿未了,总不免抱歉似的。好在关于大乘唯识的思想,我在《印度之佛教》(第十四、十五章)、《摄大乘论讲记》等,已陆续有过简略的提示了。

我想写唯识思想史,倒不是为了与人诤辩,反而是觉得唯识学者的争辩,噪聒得讨厌了(我自己从前就是一个)!针对唯识学界的诤论,预备做一番清理工作,让大家了解自己,了解对方,一笑而罢。在印度大乘佛教的开展中,唯心论有真心派与妄心派二大流。传到中国来,即有地论师、摄论师、唯识师三派。此两大流,真心派从印度东方(南)的大众、分别说系发展而来;妄心派从印度西方(北)的说一切有系中出来。在长期的离合发展中,彼此关涉得很深;然两大体系的不同,到底存在。大体的说:妄心派重于论典,如无著、世亲等的著作:重思辨,重分析,重事相,重认识论;以虚妄心为染净的所依,清净法是附属的。真心派重于经典,都编集为经典的体裁:重直觉,重综合,重理性,重本体论;以真常心为染净的所依,杂染是外铄的。经典总是时代的先进者;西方的论师们,承受它思想的启发,给予严密的思辨化,又多少要修正它。这种东西印度的风格不同,不仅是第三期的唯心佛教,就是前二期的佛教,也有此种情形。甚至在婆罗门教中,也还是有此东西两大阵容的。这种区域文化的特色,本平常明白。但传统的唯识学者不大理会这些,他们的意见是:我所学所弘扬的论典或者经典,是究竟的;唯心非如此不可,这才是佛说。这样,诤论当然不免。本来,承受某一思想,对于另一思想,即不能无所取舍;真理愈辩愈明,辩论不一定是坏的。所以,真心论可以批评妄心论,妄心论可以反对真心论。不过,作为反对与批评的标准何在?这不外理证与教证。理证,各有思想体系,加上自宗规定了的了义不了义,如离开事实的证明,那种笔墨与口头官司，千百年来还没有断案。现在再复述一遍，也不过多一番热闹而已。说到教证，真心论已融化于唯心的大乘经中；妄心者承认大乘经是佛说，即没有资格去动摇真心论。妄心论的根本论，是未来佛弥勒说，加上严密的思辨，真心者也无力摧毁它。以我的理解，真心论的卢舍那佛说、迦旃延佛说，妄心论的弥勒佛说，都不过继承根本佛教的思想，在不同的时代区域中，经古人长期的体验思辨而编集的成果。承认此两大思想的分流（自然是互相影响的），同等的地位；从时代的前后去整理它。经与论间、经与经、论与论的中间，看出它的演变分化；从演变分化中把握它的共同性，这才是公平而又不笼统的办法。研究它的思想来源，考察它的思想方法，何以说真？何以要说妄？为什么要说唯心？是否非唯心不可？从高一层的根本佛教去观察，自然能给予正确的评价。这样，我不能不感到结城令闻的大作美中不足，不够了解唯识的思想了。

　　本书是预拟"唯识思想史"的上编；把序说删去，让它自成段落。作者的意见或者有点不易明了，即如最后的《无境论探源》，也不免简陋。"无境"，即唯识家的"空"义。真心与妄心说空不同；而且空义的阐发，从根本圣典到前二期佛教，多方面的关涉，比细心说与种子说要复杂得多。预备另作专题去考察它，所以这里只略为一提。

　　附记：本书为民国三十三年在四川初版流通，后由上海大法轮书局再版。

　　今以重行排印，略为修正。

一九七〇年一月印顺记

上编　原始佛教的唯识思想

第一章　原始佛教思想概说

第一节　原始佛教界说

唯识学的确立,虽是西元四世纪的事情;但如要从历史的见地,去考察它思想的源泉与发展中的演变,那就不能不从原始佛教研究起。不然,不但不能明白它思想的来源,也不能从佛教的立场,给予正确的评价。

佛灭一百年以后,佛教才开始显著的分化。一般人,称这分化了的佛教为部派佛教,分化以前的佛教为原始佛教。原始,只是说这一期的佛教,在理论上、制度上,不论哪一方面,都比较要来得切近佛教的原始态。研究原始佛教,自然要依据《阿含》和"毗奈耶"(律)。关于大乘经,有人主张一字一句,都是释尊亲口宣说的。有人却否认它,说它完全是后人假托的。在我看来,大乘经有演绎整理的痕迹;说它全是后人的假托,却未免有点过火。反之,现存的小乘经律,虽比较接近佛教的原始态,但也未尝没有相当的变化。

释尊依自觉的境地，适应众生的根机，用种种方便把它完美地表示出来。有的为个人说，有的为大众说，也有为诸天说，像这样的经过了四十九年的教化，它的遗教、景行，有谁能把它记得完全无缺呢？佛入涅槃以后，弟子们顿时失了指导者。迦叶们为了要使佛法长在世间，不致于人去法灭，才共同结集佛法。这个功绩，当然是非常伟大。但这结集，时间只有三个月；参加结集的人数，又只有五百（或说千人）；并且还是偏于摩诃迦叶一系的。像这样匆促的时间和少数人的意见，想使所结集的达到满意的程度，当然是不可能。它的遗漏与取舍的或有不当，也可想而知。在结集终了的时候，就有人说"我等亦欲结集"，这很可以想见当时情势的一般了。那时的结集，不过是一人口中诵出，经大众加以审定，并没有用文字把它写成定本，经过展转的口传，也就难免漏落、错误和次序的颠倒。"不见水潦鹤"的公案，岂不是大家很熟悉的吗？佛经的正式用文字写出，在阿育王以后；所用的文字，又有种种的不同，彼此的取舍出入，可以想像而知。何况那时的佛教界，早已染上浓厚的宗派色彩！为了适合自宗的理论，不但经、律的字句有增减，就是经典的有无，甚至连经典组织的形式，也全部改观。在这样的演变下，现存的小乘经律，能说它完全地代表佛教的原始态吗？能说它概括了释尊一代的教法吗？

大乘经，在佛灭三百年后陆续地公开流行。像多闻部的分裂，就为了接受一分大乘经。大乘经典的用文字写出，是和小乘经（用文字写出）不相前后的。大乘思想有收摄在毗尼中的、杂藏中的,也有为在家众说的,起初没有被收入出家众的公开结集里,只在一人、一地中流行的。在开始公开流行时,有的信仰它,有的否认它,这只是一部分学者向来没有传承学习罢了,不能因此说它完全不是佛法。不过,大乘有后人演绎整理的痕迹,其传出愈后的,附会的成分确乎是很大的。

　　总之,释尊说法,是适应众生根机的,在说明的方便上,有千差万别的不同;因之所开显的意义,也就有浅深。最初是口口相传,后来才用文字写成定本。释尊的教法,有曾经公开结集的,那便是声闻乘的经律;有是传播于某一区域,私相传授,融入学者的整理与发挥,到后来才公开流行的,那就是杂藏(一部分)和大乘经。因此,原始佛教的研究不当偏取小乘,在思想上,早期的大乘经是一样的值得尊重。

第二节　原始佛教的根本思想

　　唯识思想的源泉,应从《阿含经》去探索,因为"四阿含"是大小乘共信的,公开流行的时期也比较的早(《杂阿含经》是更古典的)。要从"四阿含"里,抉出唯识的先驱思想,这对于阿含思想的中心,有先加认识的必要。"四阿含"所开示的法门,好像是很多,但自有一贯的核心,这便是缘起。缘起的定义,像经上说:"此有故彼有,此生故彼生;此无故彼无,此灭故彼灭。"意思说:宇宙、人生,要皆为关系的存在,无独立的个体,因关系的演变分离而消失。佛法虽以"因缘生"总摄一切,说明一切,但主要的是生命缘起。假使离此业果缘起,泛谈因缘所生,还是不能理解佛教真相的。整个佛法,可以分为流转、还灭两门;还灭、流转,都建立在业果缘起的基础上。"此有故彼有",开示了生死相续的因果法则,不息地在三界五趣里轮转,这就是杂染的流转。"此无故彼无",是说截断了生死相续的联系,不再在三界中受生,这就是清净的还灭。不但阿含以缘起为中心,就是后代龙树、无著诸大论师的教学,也不外此事,无非解释发挥这缘起流转,和怎样证得这缘起的还灭。

释尊证悟了生命的实相,才从生死大海里解脱过来。因内心悲愿的激发,想把苦海中的一切众生,都获得同样的解放,才大转法轮。我们要正确认识佛法的心要,那可以从释尊自悟的圣境中去研究。释尊常常把自己证悟的经历,剀切地说给弟子听,像《杂阿含经》卷一二·二八七经(《大正藏》编号)说:

"我忆宿命未成正觉时,独一静处专精禅思,作是念:何法有故老死有?何法缘故老死有?即正思惟生如实无间等,生有故老死有,生缘故老死有。如是有、取、爱、受、触、六入处、名色,何法有故名色有?何法缘故名色有?即正思惟如实无间等生,识有故名色有,识缘故名色有。我作是思惟时,齐识而还,不能过彼;谓缘识名色,缘名色六入处,缘六入处触,缘触受,缘受爱,缘爱取,缘取有,缘有生,缘生老病死忧悲恼苦。如是如是,纯大苦聚集。我时作是念:何法无故则老死无?何法灭故老死灭?即正思惟生如实无间等,生无故老死无,生灭故老死灭。如是生、有、取、爱、受、触、六入处、名色、识、行,广说。我复作是思惟:何法无故行无?何法灭故行灭?即正思惟如实无间等,无明无故行无,无明灭故行灭。行灭故识灭,……生灭故老病死忧悲恼苦灭。如是如是,纯大苦聚灭。我时作是念:我得古仙人道,古仙人逐,古仙人道迹。古仙人从此迹去,我今随去。譬如有人游于旷野,披荒觅路,忽遇故道古人行处,彼则随行。渐渐前进,见故城邑,古王宫殿、园观、浴池、林木清净。……我于此法,自知自觉成等正觉。"

释尊自述他发见生死流转和解脱生死的法则,就是缘起的起灭。不但释尊如此,过去诸佛,也没有不经历这缘起大道的。因此,缘起是法尔如是的,本然而必然的法则,不是释尊创造,只是释尊的平等大慧,窥见生命的奥秘而加以说明罢了。《杂阿含经》(卷一二·二九九经),正启示这个思想:

"缘起法者,非我所作,亦非余人作。然彼如来出世及未出世,法界常住。彼如来自觉此法成等正觉,为诸众生,分别、演说、开发、显示。"

释尊体证了法尔如是的缘起法,又给弟子们解说。所以从缘起中心的见地考察起来,可说整个佛法是缘起法门多方面的善巧说明。佛弟子,也没有不从这里得到悟证。或者以为佛说的法门很多,像蕴、处、界、谛……为什么偏取缘起作中心呢?要知道,这些都是在说明缘起的某一部分,并不是离开缘起另有建立。像五蕴,就是缘起名色支的详细解说。众生于五蕴"不知、不明(无明)、不断、不离欲(爱)",才流转在生死里。假使能"如实知、心厌、离欲",便能解脱。这样去理解,佛说五蕴才有深切的意义。六处,是以六入支为中心来说明缘起。《杂阿含经》的《六入诵》,详细地说明内六入(六入)、外六入(名色)、六识（识）、六触（触）、六受（受）、六爱（爱），它在开示缘起支，是最明白不过的。六入，从认识论的见地，说明缘起的所以生起和还灭。特别注重守护六根，在见色、闻声的时候，不随外境而起贪、嗔，以达到出离生死的目的。界有种种的界，主要是六界，侧重在种类与原因的分别。它本是缘起法的因缘所摄；后代的阿毗达磨，"六种（界）缘起"，也还是连结着的。此外，像四谛法门的苦、集，即是缘起的流转；灭与道，即是缘起的还灭。四谛是染净因果横的分类，缘起是从流转还灭而作竖的说明。这仅是形式的差别，内容还是一致。

不但《阿含经》如此，大乘经论的精髓，也还是以缘起为宗本的。《法华经》的"无性，从缘起"，"是法住法位"；《般若经》的"菩萨坐道场时，观十二因缘如虚空不可尽"；《解深密经》的以缘起因果为依他起，作为染净迷悟的所依。这些大乘经，都是以缘起为宗要的。大乘论方面，也大抵如此。特别是龙树菩萨的开示性空的缘起，反复地赞扬缘起，说它是佛法的究竟心要。《中观论》的八不颂是如此，《六十如理论》也说：

"为应以何法，能断诸生灭？敬礼释迦尊，宣说诸缘起！"

《七十空论》也说：

"以诸法性空，故佛说诸法，皆从因缘起，胜义唯如是。"

从三乘圣者的自证方面看，从佛陀的言教方面看，从大乘论典方面看,处处都足以证实缘起是佛法的心要。所以我说原始佛教的核心,是缘起。

第三节　缘起的解释

第一项　缘起支数的考察

缘起有十二支,是释尊所开示的,这在佛教界早已成为定论。近人的《原始佛教思想论》,开始提出不同的意见。对校汉文和巴利文的《阿含经》,发现汉译的《大因经》与《大缘方便经》都具足十二支,而巴利文本却只有九支和十支。又见经中有"齐识而还"的话,所以说十二支的建立是在佛陀的晚年。他又根据《大毗婆沙论》(卷九九)的"大德说曰:舍利子随观缘起有十二支差别性,成阿罗汉"的记载,假定十二支的完成出于舍利弗之手。这样的推论,我是不敢赞同的。假定这种推论是正确的,那么,更有充实的理由,可以证明释尊最初说法是二支、三支、五支,就是十支也是后起的。这当然是不正确的推论,与他的最初十支说,同样不能成立。要知道缘起主要的意义,在说明生命的联系,开示怎样的逐物流转,怎样的依着自己所造的业因,感受应得的果报。至于缘起支数的多少,可详、可略、可开、可合,本不妨随机而有差别的。像追述七佛成道所观的缘起,五支、十支、十二支,都编集在《阿含经》中,究竟谁是原始的,谁是后人附加的呢?又像经上说"味著心缚",也有五支、十支不同的记载。这可见释尊随机说法的或开或合,与成立的先后无关。十二支说,确乎要比较圆满,所以古代的佛弟子,都依这十二支来讲说。在十二支说普遍流行以后,对释尊详、略、开、合说法的善巧,渐渐地被人忽略了。有人不了解这个意义,见到经中有九支、十支,便把它补足成十二支,不知这是"画蛇添足"。至于舍利弗,听阿说示说因缘偈,当下证了初果;听了佛和长爪梵志的说法,又证了罗汉。这在经里说得很明白,怎能影取论师的片文,假定缘起的十二支说,出于舍利弗之手呢!

第二项　五支说的解说

释尊宣说缘起,既有详略不同,那么要解说缘起,当然要注意到支数的多少与含义的广略,才能从比较的研究见到思想的一贯。现在,为解说上的便利,把它归纳作五支(三支)说、十支(九支)说、十二支说三类,再去分别地观察。

《杂阿含经》(卷一二·二八三、二八五、二八六经等),释尊依爱、取、有、生、老病死五支,说明逐物流转与生死相续的联系。这对于因集感苦的缘起观,可说已彻底地发挥了。其他的十支说、十二支说,只是进一步地去探索逐物流转的理由。现在先把每支的定义和前后相互的关系,作一简单的说明。

"老病死忧悲苦恼",凡是众生,谁也不能幸免。释尊见到了老、病、死苦,才警觉出家。感到老死大患的逼迫,想找一种解决的方法,这便是释尊出家的动机之一,也是佛家思想的归宿所在。所以,用现实的痛苦,作为观察缘起的出发点。要解除苦痛,须知苦痛的来源,这就要追寻老死的原因。老死是缘生而有的。"生",是说在鱼、鸟、人、天等种种众生中生。既受了生,那就必然要老死。可是世间众生,虽见到老死的可怕,却都以为生是可喜,岂不近视到极点吗? 生,也有它的原因,就是有。
"有",一般都解释做业,就是因前生所造的业,才会有此生生命
的产生。但依经文看来,还有更主要的解说。经上说,有是欲
有、色有、无色有——三有,是能引发三有果报自体的存在。因
三界趣生自体的存在(如种子到了成熟阶段),就必然有生老病
死演变的苦痛。这样,有不必把它只看成业因。这在经里,还可
以得到证据。《杂阿含》(二九一经)叙述了爱、亿波提、众生所
有种种众苦的次第三支。亿波提是取,取所系著的所依名色自
体,正与有的意义相合。再像佛陀初转法轮,说爱(取是爱的增
长)是集谛,也没有明白地别说业力(《杂阿含经》是不大说到业
力的,这应该怎样去理解它)。这不必说业力是后起的,是说
爱、取支,不但指内心的烦恼,与爱取同时的一切身心活动,也包
括在内。这爱取的身心活动,即是未来苦果的业因,业力是含摄
在爱取支里。众生为什么会有三界的自体呢? 这原因是取。取
有欲取、见取、戒禁取、我语取四种。取是摄受执著追求的意义;
因为内心执取自我(我语取),所以在家人执取五欲(欲取),出
家人(外道)执取种种错误的见解(见取),与无意义的戒禁(戒
禁取)。因种种执取的动力,而引发身、语、意的一切行动,不论
它是贪恋或者厌离这个生命和尘世,都要招感未来三有的果报。
取也有因缘,是从爱著而来。爱是染著企求的意义,有欲爱、色
爱、无色爱三种,就是对三有而起的染著。这里,我们要加以注
意:烦恼很多,为什么单说爱呢? 经中不常说"爱结所系"吗?
我们起心动念,就在自我与认识的境界之间,构成了密切的联
系。依自我生存的渴爱,积极追求尘世的一切,或消极地受环境

的冲动,起贪、起嗔,甚至不惜生命的毁灭,企图得到一种安息。众生身、语、意的一切动作,没有不依染著三界自体与尘世为关键的。众生生死的动力,就在此。爱与取,是量的差别,质的方面是相同的。为要表示从爱染到身、心种种活动的过程,才立这爱取二支。《长阿含》(卷一〇)的《大缘方便经》,曾对二支有详细的说明,它说:

"阿难!当知因爱有求,因求有利,因利有用,因用有欲,因欲有著,因著有嫉,因嫉有守,因守有护,由有护故有刀杖诤讼,作无数恶。"

经文的描写虽有点过于琐碎,但委曲说明依爱取而起恶心,为贪、嗔、悭吝的根本,为一切恶行的动力,是非常亲切、明显。这样,爱缘取,取缘有,有缘生,生缘老病死忧悲苦恼,这逐物流转的缘起观,敢说已经说明了苦集二谛的主要意义。

第三项　十支说的解说

一、依胎生学为基础的触境系心观:

有时释尊依识缘名色乃至生缘老死的十支说,说明缘起。十支说的要义,是在逐物流转的基础上,进一步地说明触境系心的过程。这又可以分为两类:一、依胎生学为前提,二、依认识论为前提。第一类,像《中阿含》(卷二四)的《大因经》。经中把六入支含摄在触支里,名义上只有九支。虽赵宋施护异译的《大生义经》具足十支,但从各方面考察,九支是本经原始的真相。理由是:(一)《长阿含》(卷一〇)的《大缘方便经》,也是佛为阿难说的;只要彼此对照一下,就可以知道这是一经两编。在《大缘方便经》里,总标虽有十二支,而在一一解说的时候,也只有九支。(二)后汉安世高译的《人本欲生经》,是《大缘经》的异译,也只有九支。(三)《大缘经》的巴利文本,也只有九支。(四)有部论典,凡是说到《大缘经》的,也一律是九支。这样,就依九支来解说。

生死流转,确是依染著生命尘世的渴爱为原因的。但爱是心所之一,它的生起和活动,也不能无因。考虑到爱的因缘,就发现了受。"受",是心的领纳作用,有乐受、苦受、舍受三种。在触对境界而生了别认识的时候,在心上现起所知意像的时候,必然带有一种情绪——随顺或者违反自己的意乐。这或顺或违的欣喜、忧戚的情绪,就叫受。这受要依感觉才能引发,所以受又依六入触为缘而生。"六入触",就是依眼、耳、鼻、舌、身、意取境的六根,而生起眼触、耳触到意触。这六触,可说是认识作用的开始。六入生起觉触,一定要有所触的对象,因此,六入触又以名色为因缘。"名色"的色,是色蕴;名是受、想、行、识四蕴。这五蕴——名色,可以总摄一切精神与物质。名色是六入触所取的,所以是认识的对象。缘名色有六入触,缘触有受,缘受有爱的四支,说明了触境系心的过程。名色,是认识的对象。六入触,是以感觉的机构作关键,让客观的名色反映到六根门头来;六根摄取名色的影像,生起主观的感觉,才成为认识。这认识,因受名色的波动,泛起了欣喜忧戚的情绪。到这里,因味(受)著对象,被环境的束缚转移,不得自在。爱呢,因内心苦乐的系著,开始用它主动的姿态,对生命尘世而倾向、恋慕。追逐外境的形势,已像四河入海一样,唯有一直向前奔放。不是大力龙王,有谁能使它反流呢！实际上,外境并没有系缚内心的力量,完全是因内心的味著、染爱,才自己锁缚着自己。触境系心的缘起观,到此可以告一段落。

进一步观察:名色要从识而有,所以说"识缘名色"。但识也还要依托名色才能存在,所以又说"名色缘识"。识与名色,相依相缘而存在;《杂阿含经》(卷一二·二八八经)曾用束芦的比喻,说明它的相互依存性:

> "譬如三芦立于空地,展转相依而得竖立。若去其一,二亦不立;若去其二,一亦不立;展转相依而得竖立。识缘名色,亦复如是,展转相依而得生长。"

识与名色的相互依存关系,不是站在认识论的立场,说明有主观才有客观,有客观才有主观。依经文看来,释尊的本意,是从探索认识活动的根源,触发到生命相依相持而存在的见地。名色,确乎可以概括内外一切的物质与精神,概括认识的一切对象,但经中每每用它代表有情身心组织的全体。这正和五蕴一样,它能总括一切有为法,经中却又常把它解说为有情组织的要素。名色既是有情身心组织的总名,当然要追问它从何而来？从父精母血的和合,渐渐发达到成人,其中主要的原因,不能不说是识。识是初入母胎的识,因识的入胎,名色才能渐渐地增长、广大起来。不但胎儿是这样,就是出胎以后少年到成人,假使识一旦离身,我们的身心组织立刻要崩溃腐坏。这是很明显的事实,所以说名色以识为缘。再看这入胎识,倘使没有名色作它的依托,识也不能相续存在(没有离开物质的精神),也不能从生命的潜流(生前死后的生命),拦入现实的生命界。这不但初入胎是如此,就是少年、成人,也每每因身体的损害,使生命无法维持而中夭,所以又说"名色缘识"。这识与名色的相互关系,正像《大缘方便经》所启示的:

> "阿难!缘识有名色,此为何义?若识不入母胎者,有名色不?答曰:无也。若识入胎不出者,有名色不?答曰:无也。若识出胎,婴孩坏败,名色得增长不?答曰:无也。阿难!若无识者,有名色不?答曰:无也。阿难!我以是缘,知名色由识,缘识有名色。我所说者,义在于此。阿难!缘名色有识,此为何义?若识不住名色,则识无住处;若无住处,宁有生老病死忧悲苦恼不?答曰:无也。阿难!若无名色,宁有识不?答曰:无也。阿难!我以此缘,知识由名色,缘名色有识。我所说者,义在于此。"

识与名色,是同时相依而共存的,经文说得非常明白。名色支中有识蕴,同时又有识支,这二识同时,似乎不是六识论者所能圆满解说的。后来大乘唯识学的结生相续,执持根身,六识所依的本识,就根据这个思想,也就是这缘起支的具体说明。认识作用,要有现实生命灵活的存在作根据,所以在触境系心以后,更说明了生命依持的缘起观。

二、依认识论为基础的触境系心观:

纯粹从认识论的见地,说明触境系心的十支说,像《杂阿含经》(卷一二·二九四经)。凡是说识支是六识的,也可以参考。

因为入胎识是不通于六识的;说六识,一定是指认识六尘境界的
了别识。

受缘爱、触缘受,与上面所说相同。触是认识的开始,就是
感觉。感觉的发生,要依感觉机构的活动,所以触是以六入为缘
的。虽然,六入的存在,并不因认识的生起而有,但六入不是我
们现量能够了知,要依客观的名色反映而引起认识作用,才能比
量知道,所以六入是以名色为缘。所认识的名色,不能离开能知
的六识而知它的存在。我们所认识的一切,没有不经过认识而
能知它的形相。简单地说,离去主观的认识,客观的存在是无意
义的。因此,名色要依识为缘。依认识论的见地,说明识、名色、
六入、触的次第,受了形式上的拘束,意义不大明显。假使能从
佛教认识论的见解,作较自由的观察,那可以说识支是识,名色
支是境,六入支是根,因这三者的和合便能生触。在触支以前,
建立识、名色、六入三支,不外乎叙述构成认识的条件。又依
《杂阿含经》"内有此识身,外有名色,此二因缘生触,此六触入
所触"看来,识与名色,是主观客观的对立,经过感觉机关六入
的联合,才能生触,触是认识作用的开始;识是有认识作用的心
识当体。总之,"二和生识,三和合触",是佛教的常谈。用它来
配合缘起支的次第,形式上总难免有些参差。倘能从多方面去
解释它,这识、名色、六入、触四支的意义,也就显而易见了。

第四项　十二支说的解说

缘起观中说明最详备的,佛弟子最常用的,形成缘起论标准
的,那要推十二支。十二支,是在十支以上,再加无明与行。行,

是行为,经里说是身行、口行、意行,或者是罪行、福行、不动行。前者是依行为活动所依据而分判的;后者是从伦理和它的结果来分类的。上面说的识支,或者最初入胎识,或是对境觉知的六识。但识为什么会入胎? 为什么入此胎而不入彼胎? 为什么在这有情身上起灭而不在另一有情身中? 要解释这些,所以又举出行缘识。意思说:这是前生行为的结果,因前生行为所创造、所准备的生命潜流,得到了三事和合的条件,新生命就瞥然再现。依止过去行业的性质,自己规定和再造未来的身分;又依所招感的根身,才现起了能知的六识。若再进一步探求行业的因,就发现了生死的根本——无明。无明,就是无知。但它不是木石般的无知,它确是能知的心用,不过因它所见的不正确,反而障碍了真实的智慧,不能通达人生的真谛。无明,是从它不知与障碍真知方面说的;若从它所见的方面说,就是错误与倒执。因不真知的无知倒执,爱、见、慢等烦恼,就都纷纷地起来,发动身、口、意或善、或恶的行为。生死的狂流,就在这样的情形下,无限止地奔放。有人把无明看做蒙昧的生存意志,不如说它是根本的妄执。释尊勘破生命的大谜,无明灭而生起了慧明,才能离欲解脱,成为一切智者。一切大小学派,都承认解脱生死,不单是厌离生存就可以达到目的,必须获得息除妄执的真智慧。解脱的方法既然是这样,那系缚生死的根本——无明,自然也就在真慧的对方,不应说它单是生存的意志。爱、取,固然是流转的主因,但生死的根本却在无明;这好像蒸汽能转动机轮,而它之所以有这推动的力量,还依赖着煤炭的蒸发。

　　从生命相互依存的见解去考察,发现了识和名色,是展转相互为缘而存在的。观察到识支，可说已经圆满，经里也曾说"齐识而还，不复能过"。但是，假使把识看成生死的根本，那决不是释尊所许可的。嗏啼比丘受佛的呵斥，也就在此。所以，在生命依持以上，更说明了生死本源的缘起观。

第五项　诸说的融贯

从上面看来，五支、十支、十二支，是由简略而到详细。好像简略的没有说得完美，而详细的不但完备，而且还能够包含简略。只要比较对照一下，就很容易生起这样的见解。

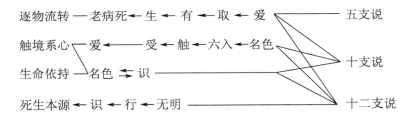

其实不然。详细的并没有增加，简略的也并无欠缺。像五支，在形式上好像有些欠缺；但体察它的意义，还是具足十支的，如《杂阿含》（卷一二·二八三经）说：

"若于结所系法（二八五、二八六经，作'于所取法'，都是指十二处说的），随生味著，顾念心缚则爱生；爱缘取。"

在五支以前，说到"结所系法"；这结所系法，就是内六入与外六入（见《杂阿含》卷九·二七九经）。又说到"随生味著"，这味著就是受。说到"顾念心缚"，这心就是识。这样看来，五支与十支，岂不是同其内容而没有什么增减吗？十支与十二支，也不过三世两重因果与二世一重因果的差别。缘起观的目的，在说明前生和后生因果相续的关系；至于三世、二世，倒并不重要。虽然说生死的根源在无明，其实无明早就含摄在十支中的触支里。触有种种的触，而缘起中所说的是无明触。因无明相应的触，所以对所取的境界不能了知；不了知无常、苦、空、非我，不了知三宝、四谛，不了知善恶业果，所以起了味著（受）；因味著才生爱、生取。十支说中的识、名色、六入，是构成认识的条件，触才是认识的开始。这认识有着根本的错误，因以引起了触境系心的缘起。也就因为这点，十支说谈到还灭的时候，每不从识灭则名色灭说起，却从触灭则受灭开始。经里所说的触缘受，指以无明触为认识的开始说的，不是说有触就必然地生受、生爱。不然，佛教应该和外道一样，把眼不见色、耳不闻声作为解脱。因为一有认识，就成为生死流转的主因呀！

再把惑、业、苦的开、合、隐、显，总说一下：十支说的无明，隐在触支里，并不是以爱支、取支为无明的。十二支说的无明，虽说可总摄过去世的一切烦恼，但建立无明的本意，主要在指出生死根本的迷昧无知：爱取不是无明所摄，却是摄在行支里。上面曾经说过：有支，不必把它看成业因，业是摄在爱取里；这是以爱、取支摄业。行支是身、口、意，或罪、福、不动，爱、取就摄在行支里，这是以业摄爱取。行支可以含摄爱、取，有经论作证。像《杂阿含经》（卷一二·二九四经）说：

> "愚痴无闻凡夫，无明覆，爱缘系，得此识身。内有此识身，外有名色，此二因缘生触。此六触入所触，愚痴无闻凡夫，苦乐受觉因起种种。……彼无明不断，爱缘不尽，身

坏命终,还复受身。"

"无明覆,爱缘系,得此识身",这在《阿含经》是随处可以见到的。这就是无明、行、识三支的次第。行是"爱缘系",只要比较对照一下,自然可以明白。又像《杂阿含经》(卷一三·三〇七经)说:

"诸业爱无明,因积他世阴。"

这与无明所覆,文义上非常接近。《俱舍论》卷二〇也曾引过这个经文,但它是约业、爱差别的观点来解说。像成实论主的意见,(表)业的体性是思,思只是爱分,不过约习因方面叫它烦恼,从报因方面叫做业。经典里,往往依起爱必定有业,造业必定由爱而互相含摄着。四谛的单说爱是集谛,理由也就在此。又像"杀害于父母"的父母,是密说无明与爱为后有之因。《法蕴足论》,也还说行支是"爱俱思"。这都可证明原始佛教的爱与业,是可以相摄的。后代论师偏重在形式上的惑业分别,只说爱取是惑,不知业也摄在爱、取里,反而把有限定在业的意义上。以为行只是业,不知它总摄着爱、取,反而说爱、取支是无明所摄。望于过去的无明行,而说触受是现果,不知触受正是逐物流转的前提,无明正隐在触支里。自从十二支的三惑、二业、七苦说判定以来,释尊开合无碍的本义,早就很难说的了。

第二章　原始佛教所含蓄的唯识思想

第一节　唯识思想的几个观念

唯识的定义,"即是识","不离识",论师们有不同的解释。究竟唯有什么识? 有的说是八识,有的说是阿赖耶,有的说唯是真心。这些,都是唯识思想的一个侧向,是唯识学的一流。偏执一个定义,这是一论一派的唯识学者。本人的态度,是想在复杂的唯识思想中,发见主流与共义,廓清宗派的偏执。所以先从大乘唯识学中,指出几个不同观点的解说,再去考察它与原始佛教的关系。这不同方面的解说,都是唯识学,是唯识学的多方面的开展;唯识学,也可说是几个思潮的合流。

大乘唯识思想,大概可以归纳为五类:

一、《华严经·十地品》第六地说:

"三界虚妄,但是一心作。"

一心,瑜伽派是把它解说做阿赖耶识的。但在某一系学者,不承认赖耶唯心论,以为这只是简别外道的世间由自在天所造;"唯一心作",还不出业感的范围。但由心造业而感得三界的果报,虽不就是唯心论,但未尝不是促成唯识的有力思想。这可以称为"由心所造"的唯识。

二、《解深密经》(卷三)说:

"我说识所缘,唯识所现故,……此中无有少法能见少法,然即此心如是生时,即有如是影像显现。"

经说凡是我们所认识到的一切,并没有一种所谓客观独立存在的本质。当我们心识现前的时候,心上必然地现起一种境界相。因了错误的认识与执著,觉得它是离心存在的外境。实际上,那所认识的境相只是自心现起的影子。唯是自心所现,所以叫做唯识。这种唯识思想,是立足在认识论上,从能知所知的关系上探发出来,是考虑所知的真相而发现的,这可以称为"即心所现"的唯识。

三、《解深密经》(卷一)说:

"于六趣生死,彼彼有情堕彼彼有情众中。……于中最初一切种子心识,成熟展转和合、增长、广大,依二执受:一者,有色诸根及所依执受,二者,相名分别言说戏论习气执受。……阿陀那识为依止为建立故,六识身转。"

本经,说明我们的身体和我们内心的认识活动,都依一切种子心识所含藏的种子而渐渐地开展出来。它是依胎生学的见地,说明众生的入胎,在胎中渐渐地发达,与现起认识的作用。这些,既是从藏在心识中的种子所生起,也就有唯识的意义。这可以称为"因心所生"的唯识。

四、《楞伽阿跋多罗宝经》(卷四)说:

"如来之藏,是善不善因。……为无始虚伪恶习所熏,名为识藏,生无明住地与七识俱。如海浪身,长生不断。离无常过,离于我论。自性无垢,毕竟清净。"

平常讲唯识,多以阿赖耶为依止,为说明的出发点。但阿赖耶的产生,一方面是依如来藏心,另方面是依无始来的虚妄习气。在这真相的如来藏与业相的虚妄习气相互交织之下,才成立其为阿赖耶。因此,从一切法依阿赖耶而生的方面看,是杂染诸法的所依;另一方面看,也就是迷悟关键所在。迷、悟、染、净,都依藏心而有,所以也就是唯识。这杂染的习气,反映到清净的如来藏心,因而成为阿赖耶识,现起一切的虚妄相。这可以称为"映心所显"的唯识。

五、《阿毗达磨大乘经》说:

> "菩萨成就四法,能随悟入一切唯识,都无有义。……四者,成就三种胜智随转妙智。何等为三?一、得心自在一切菩萨,得静虑者,得胜解力,诸义显现。二、得奢摩他,修法观者,才作意时,诸义显现。三、已得无分别智者,无分别智现在前时,一切诸义皆不显现。"

菩萨因内心定慧的实践,一切境界都可以随心转变,或者不起一切。境界既可以随心而转,就可因此推论到一切境界的没有自体。如外境有离心独立的本质,那决不能因心的观想而改变。这是从佛弟子止观的体验而推论到的,可以称为"随心所变"的唯识。

这五项思想,起初是逐渐的引发,各别的深入研究;等到思想的反流与综合,就走上唯识学的阶段,也才有真正的唯识学。后代的唯识学派,虽然都在融贯这五项思想,但不无偏重的发挥,因此成为思想不同的学派。

第二节　原始佛教与唯识思想

像后代发扬大成的唯识学,原始佛教里当然是没有的。但唯识的倾向,不能说没有,至少也有点近似。原始佛教的缘起论,确有重心的倾向。处理的问题,又本来与心识有关。后代的佛弟子,顺着这种倾向,讨论有关心识的问题,这才有意无意地走上唯识论。如上述的五项唯识思想,确乎都是立足在业果缘起的起灭上的,也就是缘起观的一种解说。

先从"由心所造"说起:缘起的流转门,不出惑、业(因)、苦(果)三事。苦,是现实的器世间与有情世间。在小乘学者,大都把它分为色、心、非色非心三类,没有说它唯是一心的。在现象上,的确有色心等差别;就是后代的唯识学者,也还是相对地承认它。谈到世间的因缘,六界是有心也有色(材料的);爱取本来指爱取相应的身心诸行(动力的);连惑业二者也不大作严格的分划。但后来,把惑与业割截了。以为惑是无明、爱、取等一切烦恼,是内心所有的作用。业是属于色法的;有人说是非色非心的;一类学者索性把业看为思心所或心心所的作用。这样,才明白而迅速地走上唯识论。从原始佛教看,唯识论是多少有点不同的。不过,有情和器世间,都由内心主动通过身口的行为而造作一切,所以佛教的缘起论,古人曾称之为"由心论"。它虽没有大乘唯识学的意趣,但重心与以心为主因的倾向,却确乎容易被人想像为唯识的。如《杂阿含经》(卷一〇·二六七经)说:

"比丘!我不见一色种种如斑色鸟,心复过是。所以

者何？彼畜生心种种故色种种。是故比丘！当善思惟观察
于心。……譬如画师、画师弟子，善治素地，具众彩色，随意
图画种种像类。"

色法的所以有种种，由于内心的种种。如不从缘起论的体
系中去理解，那必然地会感觉到本经是明显的唯识论。尤其是
画师画图的比喻，使我们联想到《华严经》的"心如工画师，画种
种五蕴……无法而不造"。《阿含经》的思想，对《华严经》的唯
心论确有深切的影响。

"随心所变"，从戒定慧的实证而来。原始佛教的解脱论，
确乎不从物质世界的改造起，不从社会的组织求解放，也不作生
理机构的改善，主要在内心解脱，不受外境的转动。戒定慧，本
总括一切身心的正行。但后来的一分学者说"五法是道"。除
去身、口的行为，偏重内心，佛教这才走上唯心论。这与释尊的
八支圣道，确乎是不合的。不过，佛教调柔身心的正行，确乎重
在定慧的精神修养，其中特别注重智慧。虽没有明说根身与世
界的随心而变，根身不免变坏，世界系于共业；而重视内心，也曾
宣说识是杂染的主导者，智是清净的主导者，着实暗示了唯心
论。大乘学者，依定慧实证的经验，强调修持的能力，以为内心
的转变，根身与世界也就跟着转变，建立唯心的净土论、意生身
论。清净还灭的由心论，不能说与"随心所变"无关。

杂染清净的以心为主，本是学派所共许的。有部等以为实
有色心等种种自体差别，不过心的力量要强些。因心而造善业
恶业，色法心法等才从缘生起来。色等好像是材料，心好像是工
人。种种形式的建筑物，虽由匠人的计划造成，但所造的并不就

是匠人。这样,因心的染净而有染净的众生与世界,但并不唯是一心。像经部,他虽然主张业力熏习在内心,但当内心的种子生起外境的时候,种子虽在内心,境界还是在心外的。因此,在缘起的杂染流转和清净还灭方面,小乘学者虽一致承认"由心所造"、"随心所变",但还不能成为真正的唯识学。在唯识学者的眼光看来,染净由心,就是唯识的思想。像《成唯识论》五教十理证明阿赖耶的时候,便引证到《阿含经》的"心杂染故有情杂染,心清净故有情清净"(见《论》卷四);"杂染清净诸法种子之所集起,故名为心"(见《论》卷三)。这样看来,"由心所造"、"随心所变"的唯识思想,是启发于原始佛教的缘起论,极为明白。

缘起支中识、名色、六入、触四支,是立足在认识论上的,上面已经说过。这与"即心所现"的唯识,有密切的关系。"根境和合生识",在不懂佛法的人,它不但不觉到唯识的意趣,还会误解佛法是唯物的。但在缘起支的认识论里,认识的主因是识,缘识才有名色、六入、触。这就是说:所认识的对象(名色),要因主观的识才能存在。反之,名色的消失,也要识灭以后才能彻底地灭尽。《长阿含经》(卷一六)的《坚固经》,就曾讨论到这个问题了。经上说:

> "何由无四大?地、水、火、风灭?何由无粗、细,及长、短、好、丑?何由无名色,永灭无有余?应答识无形,无量自有光,此灭四亦灭,粗、细、好、丑灭,于此名色灭,识灭余亦灭。"

从识缘名色和识灭则名色灭的定律，作认识论的观察时，那所认识的一切，很容易解说为是自心所现的意象。如不能正解依彼者不离彼而亦不即彼起的缘起论，那么唯识的思想，是会很自然地从我们心里出现。

唯识学中，以入胎识作前提，因入胎识所藏的种子，渐渐地生起根身，就是"因心所生"的唯识。它是根据十二缘起中的识支，和从识到名色、六入的过程。瑜伽派的唯识学，注重在业感的果报识。不但《成唯识论》引"识缘名色，名色缘识"，和"有色根身是有执受"，"有异熟心，善恶业感"，证明它的阿赖耶识是异熟报主和根身的执受者；《显扬圣教论》更明白地引识支来证明阿赖耶，像论卷一说：

"云何知有此识？如薄伽梵说：无明所覆，爱结所系，愚夫感得有识之身。此言显有异熟阿赖耶识。又说：如五种子，此则名为有取之识。此言显有一切种子阿赖耶识。"

"因心所生"的唯识思想，在唯识学者看来，是根据缘起论而建立的。确凿有据，不消多说的了。

"映心所显"的唯识，是根据缘起中的无明支。经里常常说到"无明所覆"，但覆的是什么呢？因无明的无知，隐覆了真理。同时，经上又说"众生心长夜为贪嗔痴等所污"；又说"心性本净，客尘烦恼之所杂染"。无明本可以遍摄一切烦恼的；心性与法性，也有密切的联系。因此，心为杂染所污的思想，与无明所覆的思想，发生了合流的趋向。心为客尘所染而现起不净的思想，在后代的唯识学上，也就转化为杂染习气隐覆净心，而现起一切虚妄境界的思想。瑜伽派的唯识学,或者不大同情,但在接近大众分别说系的经论,却特别发挥这一点。妄心派注重业力所感,业感的本识含藏一切种子而生起一切。真心派注重烦恼所覆,烦恼熏染净心,在净心上反映出染习的妄相。它们各有它的侧重点,才开展了好像对立的理论。

总之,唯识思想是导源于缘起论的,它是缘起论的一种说明。在说明缘起时,经中大多吐露出重心的倾向。佛教的所以产生唯识学,不能说是无因的。至多,只能说有点强调。在这短短的解说中,很可以得到相当的结论。

下编　部派佛教的唯识思想

第一章　部派佛教概说

第一节　部派分裂的概况

部派佛教,指佛灭后异执纷纭的小乘佛教。它的分裂原因与经过,这里不想作史实的考证,只把我研究的结论作一轮廓的说明。

佛教的分裂,不是偶然的,是佛教本身具有分裂的可能性,因了种种关系而展开的。释尊的应机说法,在理论上、实践上,都有不同的方便,这是部派分裂的主因。王舍城的五百结集,是苦行厌离急求自证派所主导的结集。它那戒律的固执小节、厌恶女性与菩萨道的忽略,使未来佛教形成两大思想集团。多数派,虽接受了五百结集,但他们保留了律学上的重视根本戒,与菩萨道的传说。小小戒可舍的诤论,内宿等八事可开的诤论,及界外结集与弥勒结集的传说,都在表示这思想集团的分化。假使说,当时就有不同的结集,那是不会有的。佛灭百年,毗舍离的七百结集,引起佛教内部的争执。东方毗舍离中心(恒河下游)的跋耆族比丘,与西方波利邑中心(恒河上流,即《西域记》的波利夜呾罗国)的波利比丘,开始这两大集团的显然分化。传说当时大家都认为有再结集的必要,为了意见上的不合,分为两个集团,各自结集;上座与大众的分裂,才开始明朗化。虽然二部的分立,时间还要迟一点,而这就是未来二部对立的前身。这两大集团,内部也没有统一,思想上的小集团,又渐渐地显著,促成支末的分裂。上座部又分为分别说与说一切有两部,与大众部成为三部的鼎立。这不论在律学的传承上、论典的不同上、古人的解说上,都有这三大系。分别说与说一切有的分裂,是阿育王时代的事。稍后,说一切有系中分出较通俗的犊子部成立,合成小乘佛教四大派。这四大派的分裂,与区域文化及师承有关。大天五事的诤论,是阿育王时代的事,也与四大派分裂有关。大众系发展在东南印,犊子系与分别说系在中印及西南印,说一切有系在西北印。这是从它的教化中心区说的,并不是可以绝对地分疆划界。比较上,分别说系要接近佛教的古义;大众系富于想像;说一切有与犊子系,又不免拘泥了些。从根本二部分出十八部,或者还不止,大多为了见解的不同;大乘佛教的观感不同,也是一种。这末派的分裂,有着种种而互相矛盾的传说,比较地研究起来,分别说系的铜鍱部,与犊子系的正量部,关于大众系分派的传说;大众部关于上座系分派的传说,要比较正确、适当。它们叙述另一系的分派,因为超身事外,所以还能作较客观的叙述。现在把它列一个表在下面。至于它比较正确、适当的理由,这里只能略去不谈。

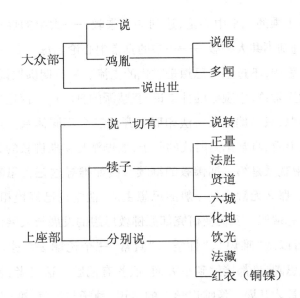

第二节 部派思想的分化与趋势

　　原始佛教的中心思想是缘起是缘起的三法印。诸行无常，在适应印度苦行的风尚，确乎有浓厚的厌离气味。但缘起流转——苦集二谛因果相续的法则，也就立足在生灭无常论上。诸法无我，正确地指出从世间生灭达到涅槃寂静的实践法则；八正道的正见，就在此。涅槃寂静，原始佛教里说得非常简略。是的，这是圣者的境地，从名相上去推论，是很容易走上形而上的拟想的。这三法印，是正法的三相，也是学佛者的三个过程。后代学派的分裂与演变，与三法印的侧重发挥有关。这在三期佛教的发展，与后期佛教的三家鼎立上，可以完全看出。说明白些，侧重某一法印为理论的根据，为观察说明的出发点，思想上就自然地分为三系。这三系，适应思想发展的程序，从三藏教——小乘的无常中心论,达到共大乘教——大乘的性空中心论,再进到不共大乘教——一乘的真常中心论。每一期中,都有这三系思想,不过某一思想是时代的主流。拿后期佛教说,有瑜伽派的无常论、中观派的性空论、坚慧派的真常论。探这三系思想的渊源,只是偏据某一法印而展开的三个不同体系。从佛教的发展上看,真常论是时代的骄子,瑜伽派与初期佛教的无常论有关,中观派是第二期佛教的继续。假如推寻这三大思潮到部派佛教,那么无常论是一般的思想主流,性空论已规模粗具,真常也略有端倪。我们要研究部派佛教思想的发展与大乘佛教的关系,可以从"唯识"、"性空"、"真常"三个论题去考察。大乘的三大思潮,虽都接触到三方面,但各有偏胜。这三者,就是三法印的具体开展。像唯识学上的本识,种子与习气、变现,这都和缘起流转的无常论有密切的关系。研究部派佛教关于缘起流转思想的发展,它虽不一定要走上唯识论,但很可以见到它是大乘唯识学的先导。以缘起流转的无常论作中心的唯识思想,就是本书研究的主题。

　　佛教思想的发展与分化,与一个严重而急待解决的问题——业果相续的轮回问题有关。这不是说当时印度学术界对三世轮回有否认的趋势。在印度,除极少数的邪见外道以外,轮回已成了学界一致公认的事实。那又有什么困难而需要解决呢? 一般外道要说明三世轮回,必然建立一个常存的自我(灵魂),有了恒常不变的自我,才有作者与受者可说。从前生到现世,现生到后世,像人从这间屋子出去,进入那间屋子一样。天、人、畜生的转变,和舞台上的演剧员忽而仙风道貌,又忽而装叫化子一样。

释尊教法的特点，像三法印所说的"诸行无常"，无常所以是苦、是无我。世间的一切现象，都在一息不停地变化，没有一些恒存不变的东西。像人类从生到死的一期生命，虽现出相对的安定，其实就是一刹那——最短促的时间，也在生灭变化之中。因此，外道所执的即蕴、离蕴的神我，从佛教的见地看来，根本出于颠倒，要彻底否认它的存在。虽然一切都在演变的过程中，是苦、是无我，但释尊并不否认三世轮回的业果缘起，常常用"灯焰"、"流水"作比喻，建立不同外道的无常的生命观。

缘起，是甚深难可通达的，佛也曾这样说。佛弟子在自行、化他的要求上，觉得这无常的缘起论，有明切解说的必要，于是都进行哲理的论理的思考。诸行既然刹那生灭，那现在造业的身心，与未来受果的身心有什么联系？造业的早已灭去，受果的身心却没有造业，那"自作自受"的理论，又如何可以成立？轮回与解脱间的联系，也同样的不易说明。刹那生灭的灭，是什么意义？是彻底消灭吗？假使灭等于没有，没有就谈不上作用，那又如何生起未来的一切？假使还是存在，那为什么要说它是灭？拿业力来说，业是不是无常？业是无常，才生即灭的，那又怎能说业力经百劫、千劫都不失呢？倘使业依旧存在，那又怎么可以说诸行无常？就是存在，存在在哪里？在过去？在现在？在内？在外？从这三世的相续、业力的任持，作进一步的观察时，这流动的生命观，自然会觉到它的深奥难知，有加以理论说明的必要。又像记忆问题，也同样的引起了佛弟子的注意。眼根发识，认识了青黄等色。但这眼根、眼识，都刹那地灭去，后来的根识，早不是见青见黄的根识,那又怎能记忆从前所见的色呢？就是说:在一期的生存中,身心组织在变化中有它相当的安定不变性,所以能够记忆。但佛法所说的记忆力,是有记忆前生以及很远很远的可能。身心早已彻底地变化,怎样还会记忆呢？这记忆与业力的任持,问题是相同的。这困难而又严重的问题,需要理论的说明,是何等的迫切！

　　佛弟子一方面研求佛陀启示的圣教,一方面从体验与思辨中,运用自己的理智,各提出意见来解决。但因思想的不能尽同,所以提出的意见也就有种种差别。他们的意见,诚然是庞杂的、纷歧的;但把他们的思想归纳起来,依旧现出一致的倾向:都是以现实的存在作思想的出发点;从间断的推论到相续的,从显现的到潜在的,从粗显的到微细的,从差别的到统一的,或者从无常的到常住的,从无我的到有我的。他们都是在相续的、潜在的、微细的、统一的,或常住的、有我的理论上,建立前后不即不离、不断不常而不违反诸行无常的东西,拿来克服这严重的困难。他们提供的意见,都与唯识学的本识、种子有关。现在要从唯识先驱思想的见地,分别叙述各派不同的见解。部派佛教的业果相续说,这虽不能作一派派的具体研究,但至少也可以见到一些眉目。

第二章 本识论探源

第一节 概说

细心相续,是唯识学上本识思想的前驱。要理解相续的细心,应先从间断的粗识说起。一切心理的活动,可以分为心与心所二类。心所是依心所起的作用,心是精神的主体。这心,或者叫意、叫识,虽各有不同的意义,但各派都认为是可以通用的。心识觉知作用的生起,需要种种条件,主要的要有感觉机构(六根)作所依,认识对象(六尘)作所缘。因所依、所缘的差别,识就分为眼识、耳识、鼻识、舌识、身识、意识——六识。

据常识的自觉的经验,六识是生灭无常的、间断的。像闷绝、熟睡无梦,都觉得当时没有心识的活动。拿圣教来说,无想定、灭尽定、无想天,都称为无心。无心的有情,似乎是释尊所认可的。但从另一方面观察,就有完全不同的见解。有情,就是有识,心识的活动与生命是不可分离的。假使有无心的有情,试问这离却心识的身体,与死人、草木有什么差别?佛教只许动物是有情,有生命,不承认草木也是有情,如不从有无心识着眼,草木与动物的有无生命,又凭什么去分别?经上虽说灭受想定是无心定,但也说入灭受想定的"识不离身";所以,有情必然是有心的。闷绝等仅是没有粗显的心识,微细的意识还是存在,只是不容易发觉罢了。相续的细心,就在这样的思想下展开。

不论是大众部,或是上座分别论者、经部譬喻论者,在初期,都把细心看成意识的细分。经过长时期的思考,才一律明确地提出六识以外别有细心的主张。原来细心说,也有它的困难:凡是识,必有它所依的根、所缘的境。释尊从依根、缘境的不同建立六识,这不但小乘经,就是一分大乘经,也还在这样说。如离六识别有细心,那不是有七识吗?这似乎违反圣教的明文。细心的所依、所缘(根境),也是很难说的。所以初期的细心说,都认为是意识的细分。后来,发见了释尊细心说的根据,像十八界中的"意界",缘起支中的"识"支;理论上也渐次完备,这才在间断的六识以外,建立起一味恒在的细心。

细心,是受生命终者、根身的执持者、缚解的联系者。它为了业果缘起的要求而建立,它就是生命的本质。部派佛教关于生命本质的探发,并不限于细心,这不妨给它个全面的叙述。从代表原始佛教的《阿含经》考察起来,众生的生命现象,只是名色或五蕴或六界的和合。在三世轮回中,名色等都是不息的生灭演变,并没有一个恒存不变的东西,可以说是作者、受者。这刹那生灭的无常论,在业果缘起的建立上,成为非常的困难。前后不断的演变,怎样能成立联系?佛教的思想就在这里分化了。大众与分别说系,在心识的统一中;说一切有与犊子系,在五蕴和合的补特伽罗中,建立前后的移转。依原始佛教"名色缚、名色解"的见地,五蕴统一论者要适当些吧!但心识在系缚、解脱中,占有主动领导的地位,也是不可否认的。那么,在从来不断的心法上,建立业果的中枢,如不超出它应有的范围,也自有它的卓见。可以说,五蕴统一论是平等门,心识统一论是殊胜门。论到怎样的统一,意见又有不同。说一切有部,在五蕴和合的作用上建立假名我。实法各不相关，假名我的和合相续，才可以说移转。犊子系却不然，它在五蕴不息的演变中发现内在的统一，所以立不可说我。有部的统一，像前浪推后浪的波波相次；犊子系却像在波浪的起伏中，指出那海水的统一。也可以说，一是无机的集合，一是有机的统一。在心识统一的见地中，大众、分别说系的本义，似乎没有明确的论述。后来，说一切有系的经量部，本着有部假名相续的观点，采用了一心论。大众、分别说系，却倾向"一心是常"与"意界是常"论，与经部的一心论对立。这两个思想，都有它的困难：假名相续的统一，是机械的；常一的统一，是形而上的、想像的。这两极端，将在大乘佛教的虚妄唯心论与真常唯心论互张旗鼓。不论是五蕴或心心所，凡作三世统一的说明，都与业果缘起有关，也就都是本识思想的前驱。虽好像补特伽罗与本识无关，其实本识是这些思想的合流。像唯识学中的阿赖耶，与如来藏有密切的关系；如来藏与不可说我，也有不可分别的地方。因此，在这本识探源论里，要检讨到补特伽罗；也就是要检讨部派佛教所提出的各种所依说。

第二节　犊子系与本识思想

诸法无我，是佛教的常谈。小乘学派，虽或者有有我论的倾向，但敢明白提出有我论的，占有部派佛教重要一席的，那要推上座部的犊子系。犊子和它的支派——正量、法上、贤胄、密林山，都建立不可说的补特伽罗。补特伽罗，意译为"数取趣"，即不断地招受五趣生死轮回的主体，本是我的异名。今加以不可说的简别，当然非外道的神我可比。《俱舍论·破我品》（卷三〇）曾谈到犊子部所认为非有补特伽罗不可的理由说：

> "若定无有补特伽罗，为说阿谁流转生死？……若一切类我体都无，刹那灭心于曾所受久相似境，何能忆知？……若实无我，业已灭坏，云何复能生未来果？"

《成唯识论》（卷一）也有同样的记载。他建立补特伽罗的动机，在解说轮回与解脱的主体、业力与经验的保持，这都是出发于业果缘起的解说。释尊也曾谈到过：我从前如何如何，因此犊子系就依这一类的教典，建立它的有我论。

从建立的动机，也可以多少知道补特伽罗的任务，现在不妨再说得具体些。第一，补特伽罗是从前世到后世的轮回主体：像《异部宗轮论》说：

> "其犊子部本宗同义，……诸法若离补特伽罗，无从前世转至后世。依补特伽罗，可说有移转。"

犊子部的见解：心心所是刹那生灭的。色法的根身，在相当时间，虽不灭而暂时安住，但终于随一期生命的结束而宣告灭坏。就是山河大地，充其量也不过暂住一劫。这样，有情的身心，没有一法可以从前生移转到后世。在这样的思想下，三世轮回、造业受果等现象，当然不能依止哪一法来建立。这一派的意见，认为有一补特伽罗，才能贯通三世。譬如我造了业，这业便与我发生联系；因我的流转到后世，也就可以说业到后世去感果。

第二，补特伽罗是能忆者：犊子派的见地，曾见曾闻的一切，虽然是过去了，但还能在我们的心上记忆起，并觉得就是我自己所曾经见闻的。谁能记忆呢？能知的心识刹那刹那地生灭，后心既非前心，如何可以解释"是我曾见，是我曾闻"的记忆现象？所以他对无我论者提出这样的诘难："如何异心见后，异心能忆？非天授心曾所见境，后祠授心有忆念理！"（见《俱舍论》）这样，他就将记忆的职务，请补特伽罗出来担任。《大毗婆沙论》（卷一一）曾明白地提到我能记忆的主张：

> "犊子部说：我许有我，可能忆念本所作事，先自领纳今自忆故。"

第三，补特伽罗是六识生起的所依：六识是认识对象的知识，是无常而有间断的。六识虽然不起，但是根身不坏，依旧属于有情所摄，谁在作生命的本质呢？这样的观察，无疑的是从知识的现象，推论到内在，而触发到生命的本体。建立细心的学者，用意也大致相同。六识间断时，有补特伽罗存在，补特伽罗就是六识生起的所依。明白点说：六识的或起、或灭、或断、或续，都是依止生命的当体——补特伽罗，才有活动。这种思想，与印度有我外道是共同的。龙树菩萨的《大智度论》（卷三四）曾说到外道的依我生识。《大乘成业论》也说：

> "我体实有，与六识身为所依止。"

这虽没有明说是犊子系的主张，但在该论破斥的时候，曾说"又执有我，违阿笈摩说一切法无有我故"。既然举圣教相违来攻难，可知这是佛教内部的学者，不是犊子系是谁？

第四，补特伽罗能使眼等诸根增长：《中论·观本住品》（卷

二)青目释说:

> "有论师言:先未有眼等法,应有本住。因是本住,眼
> 等诸根得增长。若无本住,身及眼等诸根,为因何生而得
> 增长?"

本住,也是我的异名。因有本住的活动,眼等根才能生长。这个
主张,清辨论师的《般若灯论》(卷六)说是"唯有婆私弗多罗
(即犊子的梵语)立如是义",可知这也是犊子部不可说我作用
的一种。

从补特伽罗的作用上去考察,就是不谈如来藏的唯识学,专
从瑜伽派的思想来说,也就充分地见其一致。瑜伽派的本识,也
在说明它是随业感果的轮回主体("去后来先作主公");因本识
的执持熏习,才能保存过去的经验,明记不忘;本识是六识生起
的所依;因本识的入胎,名色、六处等才能增长广大。建立本识
的动机,和建立不可说我,岂不有同样的意趣吗?难怪有人说阿
赖耶是神我的变相。

犊子部所说的我,究竟指的什么?如作皮相的观察,它是避
免外道神我论的困难,而采取了双非的论法。它常说:非假、非
实,非有为、非无为,非常、非无常,非即蕴、非离蕴;只可以说是
不可说我。这种理论,在言语的辩论上是含有困难的。《成唯
识论》难他:"应不可说是我非我",也就是找得这个缺点;既然
一切都不可说,为什么还要说是不可说,说是不可说的我呢?

犊子部,分一切为五法藏,这我,在第五不可说藏之中,像
《成唯识论述记》(卷一)说(以下引文,多是随便举一种):

> "彼立五法藏：三世、无为及不可说。彼计此我，非常
> 无常，不可说是有为、无为也。"

它把一切法分成过去法藏、未来法藏、现在法藏、无为法藏、不可
说藏——五法藏。三世有为和无为，与一切有部的思想大体是
相同的；只是多一个不可说藏，不可说藏就是不可说我。有为是
无常的，无为是常住的，而我却不可说是有为、无为，是常、是无
常。理由是，假使我是无常，那从前世到后世的轮回，仍旧建立
不起来。外道的即蕴计我，有断灭的过失，也就在此。假使是常
住，那我应该离却无常的五蕴而存在，同时也就不应该有受苦受
乐的差别。外道的离蕴计我，就有这样的过失。犊子部见到这
一点，才说非有为、非无为。虽不就是有为的五蕴，却也不可与
五蕴分离而独存。它举火与薪的比喻，不可说薪是火，也不可说
离薪有火。他的双非论，使人很自然地想到有一不离五蕴的形
而上的实体。这些，《俱舍论·破我品》（卷二九）有较详细的
记述：

> "犊子部执有补特伽罗，其体与蕴不一不异。……非
> 我所立补特伽罗，如仁所征实有、假有。……此如世间依薪
> 立火，……谓非离薪可立有火，而薪与火非异非一。……如
> 是，不离蕴立补特伽罗，然补特伽罗与蕴非异一。"

五法藏说，《大般若经》也曾谈到，龙树菩萨也常用"一者有
为法，二者无为法，三者不可说法"来总摄一切。真空大乘的经
论与犊子部的思想是不无关系的。在般若性空的体系中，不可
说法，是诸法的真胜义谛，毕竟空性。有人说：犊子系的不可说

我,是依《大般若经》的五法藏而建立的,但它误解胜义空性为我了。也有人说:《般若经》的五法藏,是渊源于犊子部,但在说明上,比较更深刻、更正确。不问谁影响谁,总之不可说我与般若的胜义空性有关。不但与般若有关,《大涅槃经》说如来藏名为佛性,佛性就是真我。真我,不像外道所计的神我(所以说无我),是"不即六法(假我与五蕴),不离六法"的大我。这佛性真我,与犊子部的不即五蕴不离五蕴的不可说我,彼此间关系的密切,谁能加以否认呢! 再把《大般若经》和《大涅槃经》综合起来看:《般若经》虽以不可说藏为胜义空性,但胜义空性,真常论者不就解说为如来藏实性吗? 如从法空所显的实性去理解,中道第一义空与佛性,毕竟是一而二二而一的。再进一步说:不可说我不但与大乘的诸法实性有关,我们倘肯联想到"我说如来藏,以为阿赖耶"(见《密严经》卷下)的经文,那不可说我与阿赖耶的关系,也自然会注意而不忽略的吧!

第三节　说一切有系与本识思想

第一项　说转部的胜义补特伽罗

《异部宗轮论》说:经量部主张有蕴能从前世移转到后世,所以又称为说转部。锡兰的传说:经量部从说转部流出,并不是一派。后期的经量与说转部,思想上确有很大的距离。我国古德虽说它是一部,也分别经部的本计与末计。经量本计——说转部,初从有部流出,是有部与犊子系的折中者,也建立胜义补特伽罗。末计——依譬喻论师所流出的经部,时间稍晚,大约成立在西元二世纪末。它已放弃补特伽罗，有转向分别说系的趋势。

经量本计的说转部，立胜义补特伽罗，像《异部宗轮论》说：

> "其经量部本宗同义……执有胜义补特伽罗。"

胜义补特伽罗，仅有这简略的记载；它的真相当然不容易明白。《宗轮论》所说，它还有"一味蕴"的教义，这应当把它综合地研究，留在下面再说。窥基《异部宗轮论述记》，有关于胜义补特伽罗的解说：

> "有实法我，能从前世转至后世。……但是微细难可施设，即实我也。不同正量等非即蕴离蕴，蕴外调然有别体也。"

照这样说，胜义补特伽罗，就是诸法真实自体的实法我。既不是蕴外别有，该是即蕴的吧！诸法自体，固可以称为实法我，但它是各各差别的，是否可以建立为统一性的胜义我呢？窥基的解说，还有商榷的余地。

第二项　有部的假名我与犊子系不可说我的关系

一切有部，也曾谈到有我，像《大毗婆沙论》(卷九)说：

> "我有二种：一者法我，二者补特伽罗我。善说法者，唯说实有法我，法性实有如实见故，不名恶见。"

一切有部，是依三世实有而得名的。据它的解说，已生已灭是过去，未生未灭是未来，已生未灭是现在。这三世，是依法体的现起引生自果作用,和作用的息灭而分别的。生灭,只是作用的起灭。谈到法体,它是未来存在,并不因作用的生起而生起,所以说未来法是实有。过去,同样的依然存在,也不因作用的息灭而消灭,所以说过去法是实有。依三世实有的见地,未来,早具足了无量无边的一切法。因现在法引生自果的作用,使未来世中的某一类法,刹那生起引生自果的作用,这叫做从未来来现在。现在只有一刹那,刹那间作用就要息灭;作用息灭以后的法体,名为过去法,这叫做从现在到过去。这好像甲屋住满了很多的人,这些人,一个跟一个地经过一条短短的走廊,到乙屋去。正在经过走廊的时候,好比是现在。甲屋没有经过走廊的人,好比是未来。已经通过走廊,进入乙屋去的,当然是过去了。总之,一切有部的三世观,是单就作用的起灭而建立的。当诸法正生未灭,是现在的存在。从现实的存在,推论到未生未灭、已生已灭的存在,建立过去未来的实有。所以它常说,过去、未来法是现在的同类,过去未来一样的也有色声香等一切法。从诸法的自体上看:法法都是各各差别,常住自性,没有什么变化可说,彼此间也说不上什么联系。"法法各住自性",是真实有,一切有部依此建立实法我。从诸法的现起作用上看:每一法的生起,必定依前时与同时诸法的力用为缘,才能生起。生起后,又能引生未来法。在这前前引生后后,成为相似相续的一大串中,在这生灭相续而属于有情的生命之流,才有变化,彼此间才有联系。一般人不能理解这前前非后后的刹那生灭,执著在身心相续中有一个恒常存在的自我,这是颠倒的认识,生死的根本,这便是补特伽罗我。补特伽罗我,是根本没有的,只是我见的错觉罢了。在身心的相续中，虽没有真实的补特伽罗，但从和合相续的关系上，也可假名为补特伽罗。依这假名的补特伽罗，才说有从前生流转到后世。假名补特伽罗，依实有的五蕴和合而假说，并非实有的存在。把有部的思想总结起来，就是：诸法实有的当体，是实法我，是真实有。在诸法（有情的身心）生起作用、和合相续上说，是可以假名为补特伽罗的。假使执为实有，那便是"诸法无我"所要无的我。

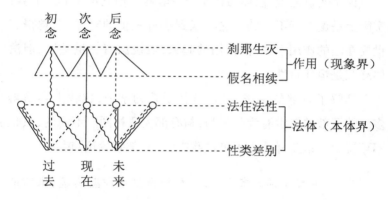

进一步地研究它法体与作用的同异，有部学者，就会答复你不一不异。有时，法只有体而没有用（过未），所以不能说一；可是引生自果的作用，是依法体而现起的，所以也不能说异。有部学者，也不得不走上这双非的论法。《顺正理论》（卷五二）对体用的一异，有详细的叙述：

> "我许作用是法差别，而不可言与法体异。……法体虽住，而遇别缘或法尔力，于法体上差别用起；本无今有，有已还无，法体如前自相恒住。……体相无异，诸法性类非无差别。体相、性类，非异非一，故有为法自相恒存，而胜功能

有起有息。……现在差别作用,非异于法,无别体故。亦非
即法,有有体时作用无故。"

　　"作用与体,虽无别体而有差别;谓众缘合,能令法体
有异分位差别而生。此差别生非异法体,故彼法体假说生
义。依如是义,故有颂言:从众缘方有,此有是世俗;虽生体
无别,此有是胜义。"

　　论文明显地说,法体与作用非一非异。但它虽说非一非异,
实际上是偏重于不一的。它在谈到法有三世的时候,总觉得三
世要在法的作用上说;依作用的起灭,虽说法有三世差别,但法
体终归是恒住自性。

　　理解了有部的主张,再来看犊子系的学说,比较上容易得
多。犊子部的三世有为与无为,与有部大致相同。不同的,只是
不可说我。他怎样建立不可说我呢?《异部宗轮论》说:

　　　"其犊子部本宗同义,谓补特伽罗非即蕴离蕴,依蕴处
界假施设名。"

"依蕴处界假施设名",窥基的解说是:世间,或者说眼是我,说
身是我,这只是依蕴等法而假立的。实际说来,虽不是离蕴有
我,却也不就是五蕴,自有它的体性。他的见解,是把"假施设
名",看成了假名的补特伽罗。离假名我以外,别有一个不可说
我。其实,犊子部没有这样隔别的见解。"依蕴处界假施设
名",正是说的不可说我。何以见得?像《俱舍论·破我品》(卷
二九)说:

"但可依内现在世摄有执受诸蕴,立补特伽罗。"

犊子部所立的不可说的补特伽罗,原有三种安立,这里约最重要的,依现在有情身内的五蕴而建立来说,所说非常明白。依现在世所摄的执受诸蕴,建立补特伽罗,岂不就是《异部宗轮论》所说的"依蕴处界假施设名"吗？假施设名的我,就是不可说我,这在熏染有部思想的学者,确是相当难解的。有部的见解:色法分析到极微,心法分析到刹那,仍有自体存在的,这是实有。依实有法所和合的总相、一合相,一加分析,离了所依的实法,就没有自体,这是假有。所以有自体就不是假,假就没有自体。他们虽也在说实有与假有,不可说是一是异,其实对假有与有体,是从差别的观点来处理的。世亲论师也曾本着这样的思想,在《俱舍论·破我品》里,责问过犊子部:所说的不可说我,是实有呢？还是假有？但犊子部的答复,并没有说是假、是实,却说:"非我所立补特伽罗,如仁所征实有假有,但可依内现在世摄者执受诸蕴,立补特伽罗。"意思说:我所说的补特伽罗,并不像你所问的那样假呀、实呀,只可以说依身内五蕴而建立。假、实的思想,有部与犊子谁是正确的,这里无须讨论;要说的,是它们对于假实有着不同的思想。依蕴界处安立,在有部看来,就是假有,没有自体。假使有体,就不能说依蕴安立。犊子部的意见:"四微和合有柱法,五阴和合有人法"(见《大智度论》卷一),尽管依它和合而存在,却不妨有它的自体。如火与薪的比喻,就在说明这能依所依的不一不异。依我国古德的判别:有部是假无体家,犊子部是假有体家。有部只许假名补特伽罗,犊子部却建立不可说我,思想的分歧,在此。

　　犊子部的不可说我与有部的假名补特伽罗,同是建立在五蕴和合上的,但思想却彼此对立。彼此的所以对立,就在体用的一异上。他们都谈不一不异,但有部终归是偏重在不一。有部的假名我,建立在现在五蕴相互间的联系,与未来过去相似相续的关系上。这假我,是依不离诸法实体而现起的作用而建立。若直谈诸法的自体,可说是三世一如。——的恒住自性,不能建立补特伽罗,只可以说有实法我。犊子部虽也依蕴安立,但不单建立在五蕴和合的作用上。五蕴起灭的作用,是不能从前世到后世的。犊子部的不可说我,能从前世到后世,必定是依诸法作用内在的法体而建立的。不离法体的作用虽然变化,法体恒存,仍旧可以说有移转。有部偏重在不一,在从体起用的思想上,建立假我;犊子部偏重在不异,在摄用归体的立场上,建立不可说我。有部的假立,但从作用上着眼,所以不许有体;犊子部的假立,在即用之体上着眼,自然可说有体。就像犊子部的不可说我,是六识的境界(见《俱舍论》),也就是依六识所认识的对象,在不离起灭的五蕴上,觉了那遍通三世的不可说我。摄用归体,所以不是无常;即体起用,也就不是常住。二家思想的异同,可以这样去理解它。

第三项 经部譬喻师的细心说

甲 细心相续

一、经部的渊源及其流派

经部譬喻师的开创者,传说为鸠摩逻多,普光《俱舍论记》(卷二)说:

> "鸠摩逻多,此云豪童,是经部祖师。于经部中造《喻鬘论》、《痴鬘论》、《显了论》等。经部本从说一切有部中出,以经为量,名经部。"

鸠摩逻多的事迹,《大唐西域记》的呾叉始罗、朅盘陀国条下,都说到他是呾叉始罗人。朅盘陀国王慕论师的名德,攻入呾叉始罗,接他到朅盘陀。他造《喻鬘论》等数十部,奠定了经部学说的基础。因他造《喻鬘》等论,所以也称譬喻师。经部的成立,《异部宗轮论》说在佛灭四百年中;锡兰传说是二百年中,都是约说转部说的。然说转部与经量部不同。鸠摩逻多是经部譬喻师的本师,他的大量著作写在呾叉始罗国。鸠摩逻多的时代,约在西元二、三世纪间。

从萨婆多部流出的经部,成为萨婆多的劲敌。原因不单是外来的,多半是内在矛盾的展开。萨婆多,意思是说一切有。说一切有思想的流行,很早就存在。到佛灭三百年,迦旃延尼子造《发智论》,积极地发扬三世实有的思想。经过偏重的发展,完成了《大毗婆沙论》的纂集;迦湿弥罗的毗婆沙师才成为萨婆多的正统者。实际上,说一切有,不一定是《发智》、《婆沙》学,像

经部譬喻论师、西方尊者,都可以说是说一切有者。大体说,迦
旃延尼子是重论派,鸠摩逻多是宗经派,如《俱舍论记》(卷二)
所说:

>　　"经部本从说一切有部中出,以经为量名经部;执理为
> 量名说一切有部。"

　　鸠摩逻多出世造论,经部譬喻师与有部,才明显地分化。迦
旃延尼子并没有统一萨婆多的思想,连号称婆沙四大评家的思
想,还有很多的意见,是反婆沙而同于经部的,像法救的"诸心
心所是思差别"(《婆沙论》卷二),"异生无有断随眠义"(卷五
一),"诸所有色皆五识身所依所缘"(卷七四),"化非实有"(卷
一三五);觉天的"色惟大种,心所即心"(卷一二七)。这都可以
证明经部的思想,多半是萨婆多本有的,只是不同《发智》、《婆
沙》系罢了!《发智论》经迦旃延弟子们的演绎发扬,在专断的
态度下,罢斥百家,建立了严密的极端实有论。受婆沙抨击的
"譬喻尊者"派,受了环境的影响,融摄了有部异师,才积极展开
反婆沙的立场,成为后来的经部譬喻师。

　　经部,经历了长期的发展,因思想的纷歧,自然地产生了不
同的流派。《成唯识论述记》(卷四)曾两次谈到经部的派别,
一说:

>　　"经部此有三种:(一)根本,即鸠摩逻多。(二)室利逻
> 多,造《经部毗婆沙》,正理所言上座是。(三)但名经部。
> 以根本师造《结鬘论》,广说譬喻,名譬喻师,从所说为名
> 也。其实,总是一种经部。"

这虽把经部分为三类，但除了解释譬喻、上座、经部三个名称的关系外，并不能帮助我们理解经部思想的流派。它又说：

> "经部本计灭定无心，次复转计灭定有心。次有心所，今更转计彼无心所，即末转计。"

这虽只是说明灭定的有心无心，但很可以作为经部分派的标准。经部学者的成立种子是一致的；但一探讨到种子的所依——相续不断者，就必然地论到灭定的有无心识。也就在这点上，引起了内部的分派。不过，《述记》所说的本计、末计，似乎还有问题。依据汉译的论典，检讨经部思想的演变，我认为是这样的：

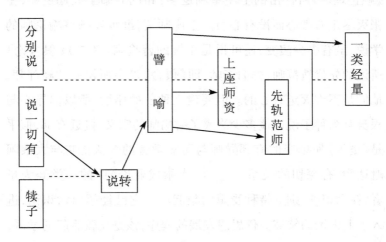

《异部宗轮论》所说的经部（说转），建立胜义补特伽罗和一味相续的细蕴，大体还继承有部旧义。从他的有我论说，可说是有部和犊子部的折衷者。从有部的法体恒住自性，转化到一味蕴，确是在向种子思想前进。这是经部初期的学说（佛灭四世纪中）。西元二世纪后的鸠摩逻多，才奠定了经部譬喻师的基础。他针对有部的三世恒有、无为实有,倡导无为无体,过未无体,不相应行无体,梦、影、像、化都非实有说。放弃经部初期的细蕴说、真我说,建立了三相前后、诸法渐生的相续转变说。离思无异熟因,离受无异熟果,把业力与业果归结到内心,接受了灭定有心说。譬喻论者,确是有部系中接近分别说系与大众系的学者。这是经部第二期的学说。《俱舍》、《顺正理论》与无著论师师资的著述中,关于经部后期的学说,有相当的介绍。这时,种子思想已大体完成(龙树菩萨时代已相当成熟)。但关于灭尽定的有无细心,意见上不无出入,可以归纳为三系:(一)《顺正理论》所抨击的上座室利逻多,和他的弟子大德逻摩,主张灭尽定有细心而没有心所。上座师资,继承发扬譬喻论师的学说,虽有多少演变,还可说是正统的譬喻宗。(二)《俱舍论》所说的先代轨范师,先旧诸师,即《俱舍》论主所钦服的经部师,他们是不许灭定有心的。但要建立种子的相续,所以倡导心与根身互为种子说。他多少修改了譬喻师的宗义,接近有部,似乎是《婆沙》所摈弃的有部异师与譬喻学者的合流。它与大乘阿毗达磨,有深切的关系。(三)《大乘成业论》中的一类经为量者,在六识外,别立持种受熏的集起心。它已经超出六识论,进入了七识论的领域。依思想发展的程序,该是比较后起的学派,或许是受了大众和分别说系的影响。

不论是研究经部的细心说,或者种子说,对这经部流派的概况,是必须加以正确的认识。

二、譬喻者的细心说

初期譬喻论者的细心说,像《大毗婆沙论》(卷一五二)说:

> "谓譬喻者分别论师,执灭尽定细心不灭。彼说:无有有情而无色者,亦无有定而无心者。若定无心,命根应断,便名为死,非谓在定。"

卷一五一又说到无想定有心,理由是同样的。譬喻者说没有无色的有情,没有无心的定,可知譬喻者的本义,与分别论者和大众部是一致的。它所说的灭定有心,究竟是怎样的心呢?有心所?还是没有?他说"离受无异熟果",无想灭定既然是有情,总不该说没有受异熟果的受吧!假使有受,那又怎么说灭受想呢?根据现存片段而不完备的文献,对它的本意如何,是无法确实理解的。或者,譬喻论师初期的学说,还没有考虑到这些。

三、世友的细心说

主张灭定有细心的,还有尊者世友,像《大乘成业论》说:

> "如尊者世友所造问论中言:若执灭定全无有心,可有此过;我说灭定犹有细心,故无此失。如契经言:处灭定者,身行皆灭,广说乃至根无变坏,识不离身。"

玄奘门下说这位世友尊者是经部异师,像《俱舍光记》(卷五)说:"印度国名世友者非一,非是婆沙会中世友。"《成唯识论述记》(卷四)也有"此即经部异师"的话。他所说的细心,依《成业论》说,已有不同的见解,所以世友的本意也无法明了。但另一分学者,认为造《问论》的世友并不是经部异师,正是有部的世友。他们所持的理由,有两点:(一)《大乘成业论》的异译《业成就论》说:

> "若毗婆沙五百罗汉和合众中,婆修蜜多(即世友的梵
> 音)大德说言。"

(二)《俱舍论》卷五叙了尊者世友《问论》的意见后,紧接着妙
音尊者的批评。这不但世友、妙音,都是婆沙评家之一;就是尊
者两字,依《婆沙》、《俱舍》、《顺正理论》等使用的习惯,除有部
系以外,是不轻易授人的。这两个不同的见解,谁是正确的,很
难加以判断。然据我最近的研究,这确为初期的譬喻大师,就是
《尊婆须密所集论》的作者,世友属大德法救的后学,比妙音早
一些。他的思想,与阿毗达磨大论师世友完全不同。譬喻师为
说一切有部的一系,所以也被称为尊者。

四、上座师资的细心说

《顺正理论》所抨击的上座,名室利逻多,和世亲、众贤同
时,曾造《经部毗婆沙》,是有名的经部大师。大德逻摩,是他的
弟子。上座继承譬喻者的宗义,说灭尽定有细意识,像《顺正理
论》(卷一五)说:

> "然上座言:思等心所,于灭定中不得生者,由与受想
> 生因同故,非由展转为因生故,彼许灭定中有心现行故。"

这里,虽指出了灭尽定没有受想等心所,却有心识现行,但
这无心所的细识,是意识,还是六识以外的细心? 也还不能判
明。参考其他论典关于有心无所的记载,可以知道上座的细心,
是微细的第六意识。如《大乘成业论》说:

> "有说:此(灭定)有第六意识。……故此位中,唯余意

识，无诸心所。"

《摄大乘论》，或《唯识论》，在说明"识不离身"的识是阿赖耶识时，都评破这无心所的细心说。有心而没有心所，这在有心必有所、无所就无心的学者，确是不易信受的。《成唯识论》（卷四）批评他说：

> "若无心所，识亦应无，不见余心离心所故。……此识应非相应法故。……若此定中有意识者，三和合故，必应有触，触既定与受、想、思俱，如何有识而无心所？"

以有心必有所、无所就无心的原则，评破灭定有心无所说，我想要是真正的经部学者，对他们所持的理由，是会根本加以否认的。上座在经部中，是有心所（受想思三法）派，关于心心所法的生起，不同有部的一时相应。他继承譬喻者的心心所法前后而起的主张，像《顺正理论》（卷一○）说：

> "如伽他言：眼色二为缘，生诸心所法，识触俱受想，诸行摄有因。上座释此伽他义言：说心所者，次第义故，说识言故，不离识故；无别有触。次第义者，据生次第。谓从眼色生于识触，从此复生诸心所法，俱生受等名心所法，触非心所。说识言者，谓于此中，现见说识，故触是心非心所法。不离识者，谓不离识而可有触，识前定无和合义故，假名心所而无别体。……由彼（上座）义宗：根境无间识方得起，从识无间受乃得生。"

心心所法的生起，是前后次第的。根境和合，生起初刹那的识。

就在这识的依根缘境的和合上,假名叫触。触是依根境识三者的和合而假说的,并没有别体的触心所。这识触作等无间缘,引起第二念的受,次第生起想思。从受到想到思,也不是同时的。一般的心理活动,是这样。灭受想定却不然,在修习灭尽定的加行时,厌患受想的粗动,作一种如生着痈疽或中了毒箭般苦痛可厌的观想。因这厌离受想的作意,所以入定的时候,受想都不起,只有微细意识的存在。明白点说,灭受想定,是生起意识以后,不再引起粗动的感情(受)、想像(想)、造作(思)等心所,唯是平静一味的意识的延长。有此细心的存在,一切法所熏成的旧随界,就可以相续不断,获得未来的果报。

大德逻摩也和上座一样,主张灭定有心,《顺正理论》(卷二六)说:

> "灭尽定中意处不坏,由斯亦许有意识生。然阙余缘,故无有触。"

大德虽同样的主张灭定有心,但师弟之间,还存着小小的差别。有细心而没有心所,据《顺正理论》(卷一三)所说,有两派:一派是有触的,一派是无触的。上座的细心说,论上虽没有明文,但从他的"现见说识(为触),故触是心非心所法"看来,触是建立在识与根境的和合上。根境和合生识,能说它没有触吗?同时,凡说到上座的细心说,都没有说没有触。灭受想定无心所,只是不起依心别起的心所——受、想、思,不离识而假立的触,那又何妨说是有呢?但大德却认为不但没有受想,也没有触,上面的引证,是很明白的了。他们师弟间为什么不同呢?经部学者关于心所的见解，是非常参差的。《顺正理论》说："或说唯有三大地法，或说有四（受、想、思、触）"；大德或许是四心所者，所以灭尽定中也没有触吧！

五、一类经为量者的细心说

六识论者的灭定有心说，确有他的缺点。有心所呢，那就与一般的意识没有分别，也不能说是灭受想定。没有心所呢，就是有心无所是可能的，也只可以说无心所定，不能说是无心定。经部中的一分学者，不满意六识论者的细心说，觉得它不能圆满解释释尊的本意。它受分别说、大众系思想的激发，在长期的体认与探索下，走上了七心论。像《大乘成业论》说：

> "一类经为量者，所许细心彼（灭定）位犹有。谓异熟果识，具一切种子，从初结生乃至终没，展转相续曾无间断。彼彼生处，由异熟因品类差别，相续流转，乃至涅槃方毕竟灭。即由此识无间断故，于无心位亦说有心。余六识身，于此诸位皆不转故，说为无心。……心有二种：一集起心，无量种子集起处故。二种种心，所缘行相差别转故。"

一类经为量者，把心分成集起、种种二类。种种心，就是六识。所缘的境界、取境的行相，都有种种的差别，所以叫种种。这种种心——六识，是一般人所能经验与自觉的。离种种心以外，还有一味相续的集起心。依《成业论》的解说，集起心，是一切有情的异熟果识。异熟果，是从善恶业因所感得的果报，也就是有情生命的当体（总异熟果）。它是一味相续不断的，直到生死的最后边，才究竟灭尽。它为什么称为集起呢？它含摄蕴藏着一切法的种子(能摄藏),是一切种子积集的所在(所藏处),所以叫集。因善或不善诸法的熏习,使种子生果的功能渐渐地发展、扩大、成熟;一遇外缘的和合,就从集起心所摄藏的种子,生起可爱或不可爱的果报:这就是起。从集起的意义上说,它不但是生命的当体,还是万有的动力,也可以说是宇宙万有的本源。它开展一切,总摄一切,是一切的中心。唯识学上的本识思想,已到含苞待放的阶段了。

《阿含经》时常说到"此心、此意、此识",但三者的区别,并没有给以明确的界说。后代的佛弟子,从释尊的教法里去寻求三者的意义,见经上说"意为先导",就说"依前行业说名为意",见经上说"心远独行",就说"依远行业说名为心"。这样,经上对心、意、识三者名词的使用,有时是共通的,有时是差别的,就是一个名词,也有种种的意义。所以像《大毗婆沙论》(卷七二)、《俱舍论》(卷四)、《顺正理论》(卷一一)、《显宗论》(卷六),都说心意识三者的体性是同一的,不过意义上有种种的差别。这心的集起义,也是各种意义中的一种,佛在《阿含经》里曾这样说(转引《成唯识论》卷三):

> "杂染清净诸法种子之所集起,故名为心。"

《婆沙论》等,都说到集起(或作采集)义为心;心有集起的作用,并不是经量学者的创见,有它思想上的渊源与教证的。集起或采集,是什么意义? 有部的意见:"然经说心为种子者,起染净法势用强故。"(见《成唯识论》卷三)它根本不承认有种子,更谈不上种子的积集处和心中所藏种子的现起。它认为心有分别,有引起杂染清净诸法的强有力的作用,所以称之为心、为种。《唯识了义灯》(卷四),叙着各派关于"说心为种子"的意见,可以参考。经部学者,像上座师资们的细意识,"是所熏习,能持种子"。细意识上相续转变差别的生果功能,是生起一切诸法的因缘。它们虽没有离六识以外建立集起心,但对心有"种子积集处",和"心上功能生起诸法"的集起义,也早就成立。一类经为量者,只是在六识以外,建立一个一味相续的细心而已! 主张灭定有心,本来在执持根身和任持业力。现在既建立了第七细心,那集种起现的作用,自然也移归第七。无心定和灭受想,是依六识说的。定中的识不离身,是依集起心说的。以集起心释灭尽定的识不离身,可说恰到好处。

这集起心,与唯识学上的本识,几乎无从分别。但切勿以为这就是第八识;第八识,要别立第七末那后,才开始成立。这经为量者的细心说,只可说是瑜伽派赖耶思想的前驱(与《解深密经》说相近)。细心说的发展,是从六识到七识,从七识到八识。这中间的发展,是多边的,分离而综合、综合而又分离的。所以部派佛教的细心说,有种种不同的面目。大乘佛教的七心论与八识论,也自然有着很大的出入。本识思想的发展,既不是一线的;融合而成的本识,自然也不能完全同一。这点,要时刻去把握它。

　　乙　王所一体

心心所的一体、异体,与俱起、别起,在部派佛教里,有着不同的意见。

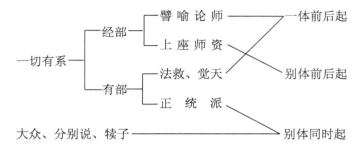

从各派的见解看来,大众、分别说、犊子和有部的正统者,都是心心所的别体论者、同时相应论者。释尊的本意,似乎也就在此。但从有部流出的譬喻论师,却提出了心所即心、次第而起的异见,像《婆沙论》(卷一六)说:

> "有执心心所法前后而生,非一时起,如譬喻者。彼作是说:心心所法依诸因缘前后而生。譬如商侣涉险隘路,一一而度,无二并行。心心所法亦复如是,众缘和合一一而生,所待众缘各有异故。"

这种思想,一方面它在经典里发见了一体的思想,发见了心心所法的共同性。一念心中有受、想、思等心所同时,释尊确乎说得很多;但经上也自有有心无所的记载,这在《成实论》、《顺正理论》里,无心所家都引着很多的证据。像最初受生时,只说识入母胎,没有说到心所。像构成有情的成分,只说士夫六界(地、水、火、风、空、识),也没有心所在内。尤其是经上说的"心远独行",可以看出唯有一心的现起,不能同时有多心所。譬喻论师的"譬如商侣涉险隘路",也是从这"独行"二字推阐出来。但这不违反心心所俱时相应的圣教吗? 不!"一心俱有",不是说一

刹那心有很多的心心所,是说在一期相续心中。刹那生灭,不是
常人能经验觉察得到。我们自觉到内心有异常复杂的心理活
动,这只是相续心中综合的自觉,虽好像同时,其实是前后的。
那怎能分别心与心所呢? 可以分别,像《成实论》(卷五)说:

> "心所生法,名曰心数(心所的异译)。心从心生,故名
> 心数。"

前心能生后心,后心就叫做心所。在这前后的联系上,建立相
应,也不同有部那样,同时俱起的相应。怎么说发现了心心所的
共通性呢? 在它的意见,能了知叫识,哪个心所不能了知呢? 能
缘虑叫心(《成实论》卷五),决无没有能缘作用的心所,心所为
什么不就是心? 它无从确定心与心所的绝对界限,自然会走上
一心异名的思想。《顺正理论》(卷一一)说:

> "有譬喻者,说唯有心无别心所,心、想俱时,行相差别
> 不可得故。何者行相唯在想有,在识中无? 深远推求,唯闻
> 此二名言差别,曾无体义差别可知。"

譬喻论师的心所即心差别,一方面是反三世实有论者的机
械分析论。说一切有部的正统者,分别名相是他们得意的杰作;
看到阿毗达磨发达的程度,就可以想像而知。他们治学的态度,
是从分析假实下手。一方面根据经典的一言、一语,一方面作内
省的分析考察。把现象分析一下,把假合的分了出来,建立了
色、心、心所、不相应行、无为,最后的单元,就是不可再分割的实
体(《俱舍论》分为七十五类)。他不但从时间的观念上,解释作

前后只是相似的连续,而前后的法体各别;就是在一念心中,他也把心理的动态作一种抽象的分析,了知是识,领纳是受,一一地把它分离开来,想像法体的彼此隔别性。他粉碎了世间,使世间成为独立的无限量的实在体(多元);再把它组合起来,在彼此前后生起的作用上,发生联系。他不把世间看成有机的统一,是把它看成机械的活动。譬喻论者,彻底反对这个观点,反对循名执实的琐碎分析,才建立了一心前后说,但他不免矫枉过直了! 在大乘佛教里,不论是王所一体或别体,对心心所法前后次第而起的见地,都是排斥了的(他忽略了内心的复杂作用)。

　　在佛灭四世纪时的法救、觉天,虽被人称为婆沙四大评家之一,但他们是思心差别论者,实际是譬喻论师。像《大毗婆沙论》(卷二)说:

　　　　"尊者法救作如是言:诸心心所是思差别。……尊者觉天作如是说:诸心心所体即是心(藏传觉天立五心所)。"

　　心心所体一义异的思想,一直流到后代,成实论主也还是这样。但经部后起者,上座、大德,都采取了折中主义:承认心外别有心所,同时也不像有部那样分析得过分琐细。但离心的心所,究竟有多少呢? 释尊没有提出一个心所单元表;他们的见解,也自然不能一致。"或说有三,或说有四,或说有十,或说十四。"这还只是经部,假使加上有部、铜鍱部的见解,那就更聚讼纷纭了。这也难怪无心所家的譬喻师,要来个一扫而空,像《顺正理论》(卷一一)说:

　　　　"又于心所多兴诤论,故知离心无别有体。……故唯有识,随位而流,说有多种心心所别。……我等现见唯有一识,渐次而转,故知离心无别心所。"

第四节 分别说系与本识思想

第一项 分别说系心识论概说

分别论者,是上座部三大系之一,它流出化地、饮光、法藏、红衣四部。它在探索系缚解脱的连锁和三世轮回的主体时,已发现了深秘细心的存在。上座系的本典——《舍利弗阿毗昙》,已把六识与意界分别解说,并且说意界是"初生心"。规定初生心为意界而不是意识,这是非常有意义的。细心思想的最初倡导者,我认为是它。

分别论者在印度本土的,如《大毗婆沙论》所说,是一心相续论者。这相续的一心,还是心性本净的,客尘所染的。从分别说而流出的学派,南方的铜鍱部,建立著名的九心轮;北方的化地部,却转化为穷生死蕴的种子说,与经部合流。唐玄奘说:上座学者,有离粗意识而别立同时细意识的。分别说系的细心说,与唯识学的本识,确是非常的接近。

第二项 一心相续

"谓譬喻者分别论师,执灭尽定细心不灭。彼说:无有有情而无色者,亦无有定而无心者。若定无心,命根应断,便名为死,非谓在定。"

据《大毗婆沙论》(卷一五二)所说:灭尽定、无想定中有细心,分别论师与譬喻者的见解相同。但譬喻者是心心所前后相续论者,分别论师却是王所同时相应的相续论者。心识相续的见解,他俩有很大的差别。分别论者,以心性本净说著名,这是一般所熟知的。这里,先对他的觉性融然一体论,加以简单的考察。分别论者的心性本净,《婆沙》曾称之为一心相续论者,像卷二二说:

> "有执但有一心,如说一心相续论者。彼作是说:……圣道未现在前,烦恼未断,故心有随眠。圣道现前,烦恼断故,心无随眠。此心虽有随眠无随眠时异,而性是一。如衣、镜、金等,未浣、磨、炼等时,名有垢衣等。若浣、磨、炼等已,名无垢衣等。有无垢等,时虽有异,而性无别,心亦如是。"

这一心相续论者,论文虽没有明白地说是分别论者,但他的心性无别,与分别论者确是完全一致的。相续中的染心与不染心,有部等说体性各别,分别论者却说心性是同一的。同一的本净心性,依《成实论》(卷三)的解说,只是觉性。眼识也好,意识也好,有烦恼也好,无烦恼也好,这能知能觉的觉性,并没有分别。《婆沙论》(卷一一),还有觉性是一论者,其实也就是分别论者一心论的异名,它说:

> "有执觉性是一,如说前后一觉论者。彼作是说:前作事觉,后忆念觉,相用虽异,其性是一。如是可能忆本所作,以前后位觉体一故,前位所作后位能忆。"

这一觉论者,依前后一觉的理由,成立追忆过去的可能。它的"相用虽异,其性是一",岂不与一心论者的"此心虽有随眠无随眠时异,而性是一"的见解相同吗? 从它的前后觉性是一,也可看出与一心论者的同一,何况《成实论》还明说本净的心性就是觉性! 把一觉论者、一心论者、分别论者的思想合起来研究,它是从心识无限差别的生灭中,发见了内在统一的心性。一心论者为什么要建立一心? 它从差别到统一,从生灭到转变,从现象到本体,还是为了解决严重而迫切的问题——生命缘起。《成实论》(卷五)曾说到一心论者建立一心的用意:

> "又无我故,应心起业,以心是一,能起诸业,还自受报。心死、心生,心缚、心解。本所更用,心能忆念,故知心一。又以心是一,故能修集。又佛法无我,以心一故,名众生相。"

一心论的目的,在说明自作自受律,记忆的可能,被缚者与解脱者的关系,并且依一心建立众生。一心论者,不像犊子系建立不同外道的真我,因为佛法是无我的;但不能不建立一贯通前后的生命主体,于是建立一心论。心理的活动与演变,不能机械式地把它割裂成前后独立的法体。从现象上看,虽然不绝地起灭变化,而无限变化中的觉性,还是统一的。这一体的觉性,岂不是常住吗? 这在反对者的学派看来,一心只是变相的神我。像《成实论》(卷五)的批评说:

> "若心是一,即为是常,常即真我。所以者何? 以今作

后作,常一不变,故名为我。"

反对者的意见,固然把它看成外道的神我;但在一心论者,却认为非如此不能建立生命的连锁。若刹那生灭前后别体,无法说明前后的移转。《成实论》叙述他的意见说:"以心是一,故能修集。若念念灭,则无集力。"本着刹那生灭不能安立因果联系的观点,才考虑到心性的一体。这不但一心论者如此,犊子的建立不可说我、经量本计的一味蕴,也都是感到刹那论的困难而这样的。但机械的统一论者,决不能同意,像《顺正理论》(卷七)说:

> "或谓诸行若刹那灭,一切世间应俱坏断。由此妄想,计度诸行或暂时住,或毕竟常。"

第三项　心性本净

略说问题的重要性:心性染净的论辩,在佛教尤其唯识学上,占有非常重要的地位。从过去大乘唯识学的诤论上看,它几乎成了一切纠纷的症结。我们假使不能理解部派佛教发展中的心性染净论,那么在研究大乘唯识学时,就容易偏执一边。大乘论师的多种解释,大都有它思想上渊源的。事实上,心性本净的思想,渗透到一切大乘经里。凡是读过大乘经的,谁都会有此感觉。这是每一佛教徒,尤其大乘唯识学者必须探讨的主题。

从部派佛教去看,关于心性染净的思想,有三大系;但心通三性论者,是后起的。大乘佛教,似乎没有这个思想。

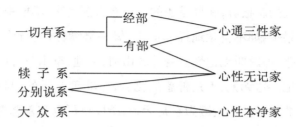

性的定义很多：水湿"性"、地坚"性"，这是说一事一物各别的自体。"性"种性、本"性"住性，这或者是说本来如是，或者是说习惯成自然，有生成如此的意味，与中国的"生之谓性"相近。法"性"、实"性"，在大乘的教理上，或指普遍恒常的法则，或指诸法离染的当体。自"性"，在龙树学里，是说那不从缘起的常一的自体。善"性"、恶"性"，这是性德的性，就是性质。这心性染净的思想，与中国的性善性恶，发生过深切的影响。王阳明竟说性善的良知良能，就是佛家的（本净心性）本来面目。其实，心性本净，在部派佛教里是性善性恶的性；在大乘里，心性与法性有时合而为一，指心或法的本体。佛法的心性本净，是遍一切众生的；孟子的性善，却成为人兽的分野：这是怎样的不同！

一切法，给以道德的评价，就有善恶的概念。心性无记论者，关于善、恶，是分为三类：一、善性，二、恶性，三、无记性。善、恶，世学有着很多的定义，也有见到它的相对性而否认善恶的标准。心性无记论者，善、恶，是从它的结果而分别的。我们意念与身口的行动，假使能得后来良好的结果，这就是善；若会引起恶劣的结果，那就是恶。这结果，偏重在个人，是依招感现世（不是现在一念）、后世的果报来决定。这不太自利吗？不，凡是有利于人的，也必然的会有利于己；反之，损人利己的行为，从引起后世的恶报看,无疑是恶的。还有很多的事,不能引起未来善恶的果报,如不自觉地摇一摇头、努一努嘴,这些行为就不能说是善恶,那就叫无记性。身外的山河、大地、草木丛林的变动,也是无记。这无记,不是善恶的化合,是非善非恶的,与善恶鼎立而三的中容性。就因为它是无记,所以也可以和善恶合作。

有部从心心所别体的观点,把心上一切的作用分离出来,使成为独存的自体;剩下来可以说是心识唯一作用的,就是了知。单从了知作用来说,并不能说它是善或是恶。不过,心是不能离却心所而生起的。倘使它与信、惭、愧这些善心所合作起来,它就是善心。与贪、嗔等合作,那就是恶心。如果不与善心所也不与恶心所合作相应,如对路旁的一切,漠不关心地走去,虽不是毫无所知,但也没有善心所或恶心所羼杂进去;那时的心,只与受、想等心所同起,这就是无记性。所以,善心、恶心,不是心的自性是善、是恶,只是与善恶心所相应的关系。善心像杂药水,恶心像杂毒水,水的自性不是药也不是毒。善恶心所与心,滚成一团,是"同一所缘,同一事业,同一异熟",好像心整个儿就是善、是恶,也不再说它是无记的。但善恶究竟是外铄的,不是心的本性。心的本性,是无记的中容性。

譬喻论师也像有部那样分为三性,但它不许心性无记,主张心通三性,这还从心心所法一体的见解而来。譬喻论者,是王所一体论者,心王心所只是名义上的差别,其实都就是心。信、惭、愧等善心所,贪、嗔等恶心所,都是心识不同的形态。这样,心自然是通于三性。虽然有部也可以说通三性,但它是建立在"相应"上,譬喻论师们是依心的"自性"说的。经说"心长夜为贪等所污"，这似乎与譬喻者的贪即是心，有相当的违难。但它说：这是依假名相续心说的，并不是在一刹那中，有别体的心为别体的贪等所污。它的心通三性论，就这样的建立起来。

心性本净说：除上面两系以外，还有在佛教里放射异样光芒的心性本净说。它的根据，是经上（铜鍱部的《增支部》有此说）说（转引《顺正理论》）：

> "心性本净，有时客尘烦恼所染。"

经有心性本净的明文，有部他们是不会毫无所知，为什么还要建立心性无记、心通三性呢？ 这不是与佛共净吗？ 不，经上也在说善心、恶心。心性本净的圣教，一切有部的学者有点不大信任，但也还不致绝对否认，给它个适当的解说，像《顺正理论》（卷七二）说：

> "若抱愚信，不敢非拨言此非经，应知此经违正理故，非了义说。若尔，此经依何密意？ 依本客性，密作是说。谓本性心必是清净，若客性心容有染污。本性心者，谓无记心，非戚非欣任运转位，诸有情类多住此心，一切位中皆容有故，此心必净无染污故。客性心者，谓所余心，非诸有情多分安住，亦有诸位非皆容有。断善根者必无善心，无学位中必无染故。……如是但约心相续中，住本性时说名为净，住客性位容暂有染。"

《顺正理论》主，是正理为宗的人物，他的内心上，当然要否认是经文。否认它的理由，是不合自宗的正理。他的解说，心性本净是依无记心说的。他没有依心性无记说，只说心住无记位中没有染污心所，所以称为本净。心通三性论者，批评了心性本净以后，也照样地给它个融会，如《成实论》（卷三）说：

> "但佛为众生说心常在，故说客尘所染，则心不净。又佛为懈怠众生，若闻心本不净，便谓性不可改，则不发净心，故说本净。"

他们虽都解释心性本净，其实是心性无记论和心通三性论者。心性本净说，还得另行研究。心性本净，虽有人反对，但自有它古老的渊源。在上座系《舍利弗阿毗昙》（卷二七）已明白地宣说：

> "心性清净，为客尘染，凡夫未闻，故不能如实知见，亦无修心。圣人闻故，如实知见，亦有修心。心性清净，离客尘垢，凡夫未闻，故不能如实知见，亦无修心。圣人闻故，能如实知见，亦有修心。"

《舍利弗阿毗昙》说心性本净与离垢清净，尤其把性净看做有没有修心的重要关键，成为出离生死必先理解的条件，使我们自然地联想到《楞严经》的"皆由不知常住真心"，觉得它有同样的意趣。《舍利弗阿毗昙》里，除心性本净以外，还有我法二空的思想。大众与分别说系，都在倡导心性本净，可见这并不是后起的思想了。

大众、分别说系的心性本净说，我们难得具体完备的认识，现在只能稍微提到一点；好在大乘佛教里，已有了深刻丰富的解释。大众系不像有部那样建立三性，他是"无无记法"的。他认为一切法不是善就是恶，只是程度上的差别，没有中容性存在。这点，不但与心性本净有密切关系，还影响到一切。像有部的"因通善恶，果唯无记"的业感论，在不立无记的见解上，岂不要有大大的不同吗？分别论者的心性本净，与大众系也不同，他承认善恶无记的三性，同时又建立心性本净。心性是否本净，这都在说明有染离染、有漏无漏的地方提出，像《大毗婆沙论》（卷二七）说：

> "分别论者说：染污不染污心，其体无异。谓若相应烦恼未断，名染污心；若时相应烦恼已断，名不染心。如铜器等未除垢时，名有垢器等；若除垢已，名无垢器等。"

《顺正理论》（卷七二）说：

> "分别论者作如是言：唯有贪心今得解脱，如有垢器，后除其垢；如颇胝迦由所依处，显色差别有异色生。如是净心贪等所染，名有贪等；后还解脱。圣教亦言心性本净，有时客尘烦恼所染。"

还有一心相续论者的意见，已在上面引过。我们要理解心性本净，先得考虑有漏无漏的定义。怎么叫有漏呢？萨婆多正统派的意见，是"与漏随增"，像《俱舍论》（卷一）说：

> "有漏法云何？谓除道谛，余有为法。所以者何？诸漏于中等随增故。缘灭道谛，诸漏虽生而不随增，故非有漏。"

漏的本身是烦恼。有漏,是道谛以外的一切有为法。这些法,或者与烦恼相应,或者为烦恼所缘。不但与烦恼相应,是烦恼所缘,要有增益烦恼的力量,才称为有漏。像灭谛、道谛,虽也能为烦恼的所缘,但不能增益烦恼,所以不是有漏。这样,有漏、无漏,不是说烦恼的作用有无,是说某一法有无增益烦恼的作用。有漏心、无漏心,也自然是截然各别的东西。但有漏、无漏,不一定这样解说,像《顺正理论》(卷一)说:

> "譬喻论师妄作是说:离过身中所有色等,名无漏法。……又彼起执,依训词门,谓与漏俱,名为有漏。"

譬喻论师的见解,有漏、无漏,是说有没有与烦恼共俱。内心有烦恼,像凡夫的色身,就是有漏;断尽了烦恼,像佛的色身,就是无漏。譬喻者是心所即心论者,与心性本净论者,当然有不同。但依这样的思想去理解,也可得心性本净的结论。心是能觉了性,与漏俱有,就是有漏心;离却烦恼,就是无漏心。有漏、无漏的分别,在有没有与烦恼俱有。未断烦恼,心只能说是有漏,并无"应有漏心性是无漏"、"若异生心性是无漏"的过失。一心相续论者的意见,有漏的念念生灭心,虽或善、或恶、或无记,但演变中的觉性,永远是了了明知。这明了的觉性,就是净心,与三性都不相碍。不过,在烦恼未断时,觉知上出现了歪曲的认识;假使错误的成分愈少,心也愈逼近它的真相。这明净的觉性,遍通三性,不能单说是善、是无记。

这要谈到性净相染的问题。《婆沙论》(卷二七)说:

> "分别论者,彼说心性本清净,客尘烦恼所染污故,相

不清净。"

性净相染,在有部学者看来,是不可想像的。性相是一贯的,本性是净,怎能与烦恼相应转现染相呢? 相既然不净,本性又如何可说清净? 心性本净论者,举出了衣、镜、金、铜器、颇胝迦宝、日月五事所覆作譬喻,但有部学者不是说"贤圣法异,世间法异",就是从刹那生灭的见地来解说,像《顺正理论》(卷七二)说:

> "如浊水灭,后水生时,离浊澄清名为净水。……前余色俱颇胝迦灭,后与余色俱新生故。"

他的另一见解,凡是相应、相合,彼此的体性不能有染净的差别。所以他说五事隐覆日月轮,并不是相应、相合。心性本净论者,有漏无漏建立在漏的有无,而不在心的自体,所以即使刹那生灭像有部那样,也不能摇动心性本净的理论。关于相应相合,就不能不表示异议。日月轮是明净的,因了烟云的覆障,才见它的相不清净。这不净,是日轮与烟云发生关系而现出的假相;其实日轮还是清净的。相有杂染,是依和合的假相而说,不是说它的本性有什么转变。假使心性起了变化,也就不成其为本净了。这不是说杂染全是假相,客尘确是杂染,只是觉了的心用上的染相,是现起的假相罢了。讲到浊水,水的本性也是净的,只是羼杂些泥尘。有部学者,忽视了从浊水澄汰出来的尘污,却见到了前一刹那的浊水灭去,后一刹那的清水出现。有部的刹那论,只是前后刹那的堆积。刹那论究竟是否一定如此,还有讨论的必要。

本、客,是内在与外铄的关系。在烦恼现起时,虽觉得整个心是染污的,其实内心并不变失它的自性,只是现象上有些歪曲。要理解本、客,还得在相续中;不从前后的关系上去观察,不易理解本净的。《成实论》(卷三)说:

> "问曰:心名但觉色等,然后取相,从相生诸烦恼,与心作垢,故说本净。……问曰:我不为念念灭心故如是说,以相续心故说垢染。"

《成实论》主不能同情这个思想,以为相续心是假名,不是真实;这是他的时间观不同。心性本净论者是一心相续论者,一心相续论者(参看分别论者的一心相续论)是在前后不断的演化中,发见它相互一贯的不变性、前后不异的共同点。拿心来说,就是了了觉知性。常心与一心,不过是觉性不变的异名。常心,并不是外道妄想构成的不生不灭、非因非果、离世间而独存的东西,它只在随缘触境的作用中。换句话说:常,就是无常,就是念念生灭。若不能认取无常中的真常,那么,无常、念念灭,只是断灭论。我们必须认识,刹那生灭不是前后成为隔别物,相续也不是前后机械的累积。在大众、分别说系,当然有着很多的难点,这一直要到一切皆空论者,才能完成这"相续不断"的理论,才能克服那严重而困难的问题。在后期的大众、分别论者,发见了七心论以后,那一味相续的觉性,又渐渐地与起灭的六识分离,但还保持密切的关系。

心性本净,在转凡成圣的实践上,有它特殊的意义。萨婆多部的意见,三乘无漏圣法,早已具足在未来法中,只要加以引发,使它从未来来现在，系属有情就是。大众部等，主张过未无体，那就不能像有部那样早已具足在未来中。无漏净法的生起，在未来无实论者，显然成了问题；他必须指出有漏位中可以成为无漏的东西。心性本净，就是这净法本有的见解。大乘本有佛性的思想，都是以这心性本净为前驱的。分别论者的贡献，确是太伟大了！

第四项　五法遍行与染俱意

《大毗婆沙论》（卷一八）说：

"有执五法是遍行，谓无明、爱、见、慢及心，如分别论者。如彼颂言，有五遍行法，能广生众苦，谓无明、爱、见、慢、心是为五。"

《婆沙论》在说遍行因的地方，谈到分别论者五遍行的意见。分别论者把心看为遍行之一，当然与有部遍行因的定义不同。后代唯识学者，也有遍行心所，但无明、爱、见、慢、心，也不合遍行心所的定义。五法遍行的本义，从它广生众苦看起来，是众生的恒行微细烦恼，是发业感果的动力。我觉得这五法遍行说，是末那思想的前身。一切众生都有恒行的细心，这细心是与无明、爱、见、慢相应的。末那四惑相应的思想，从分别论者演化而来，这或许不是唯识学者所意料的吧！

分别论者是心性本净论者，他的四惑相应，当然是客尘微细的分析。他不能超过七心论的范围，他的五法遍行，要与业报主体的细心结合起来，才能理解他的本义。随眠，是生起烦恼的潜能,是心不相应行;习气,是罗汉不断的烦恼气分;这五法遍行中的无明、爱、见、慢,是心相应的,又是罗汉所断的,它是众生一切时中遍行的微细的染心所。化地部末宗,因解释一颂不同而分派的"五法能缚"说,也与五法遍行有关。

附带要说明的,是四无记根,像《品类足论》(卷一)说:

"四无记根,即无记爱、无记见、无记慢、无记无明。"

有部正统派只立三无记根,四无记根的思想,却被外方诸师保存着(见《俱舍论》卷一九)。无记的无明、爱、见、慢,渐渐地被佛弟子结合在一起,被认为烦恼中的细分,是生起有覆、无覆无记的根本。这与末那的四惑相应,也不能说毫无关系吧!

与分别论者五法遍行有关的,还有"染意恒行"说,《成唯识论》(卷五)曾引《解脱经》说:

"染污意恒时,诸惑俱生灭,若解脱诸惑,非曾非当有。"

《解脱经》,瑜伽学者认为佛说第七末那识的明证;这当然是很有意义的。《解脱经》颂,《瑜伽师地论》(卷一六)引证得比较详尽。《瑜伽论》的颂文,是非常明显的心性本净说,这不能不使我们怀疑到瑜伽学者的断章取义。《瑜伽论》说:

"染污意恒时,诸惑俱生灭,若解脱诸惑,非先亦非后。非彼法生已,后净异而生,彼先无染污,说解脱众惑。其有染污者,毕竟性清净,既非有所净,何得有能净。"

性净尘染,瑜伽派的唯识学者自有很好的解说,不必与分别论者相同。但我觉得性净与尘染，大小经里，都集中在一切识、或藏心、或空性身上，很少，几乎可说没有单把性净尘染规定为第七识的。这思想的矛盾是这样的：细心，是从种种的要求出发，融合成几个不同典型的细心。一分八识论者，最初把细心的一分微细我执，让它分离出来，建立第七识；到护法他们，又把整个的微细尘染，从属于第七识。因此，性净尘染的圣教，也被拿来证明末那。结果，与藏心本净客尘所染说，自然成为矛盾。另一分的八识论者，对第七、第八二识的性质、作用的区别，说得也有些出入。唯识学上的净论，也就从此无法解决。我不是说瑜伽学者如何错误，不过说：七识与八识，不一定像护法说的罢了！在我看来，七心论已能解决一切。至少，八识论者能懂得一点七心论的关键，对唯识学上净论的处理，是大有裨益的。

这尘染的思想，与微细潜在的烦恼有关，可以对看比较。

第五项 有分识

有，是欲有、色有、无色有——三有；分，是成分，也就是构成的条件与原因。在以分别说部自居的赤铜鍱部，把细心看成三有轮回的主因，所以叫有分识。赤铜鍱部，在阿育王时代，移植到锡兰，又发展到缅甸、暹罗一带，一般人称它为南传佛教。现在的南传佛教，以觉音三藏的注释作中心。觉音是后起的，是西元四世纪的人物，思想上有相当的演变，所以有人叫他做新上座部。有分识，在汉译的论典里，一致地说是上座分别说部，即赤铜鍱部的主张。关于有分识，无性《摄大乘论释》（卷二）有简单的叙述，也就是奘门所传九心轮的根据。无性释说：

"上座部中,以有分声亦说此识,阿赖耶识是有因故。如说:六识不死不生,或由有分,或由反缘而死,由异熟意识界而生。如是等能引发者,唯是意识。故作是说:五识于法无所了知,唯所引发;意界亦尔。唯等寻求。见唯照嘱。等贯彻者,得决定智。安立是能起语分别。六识唯能随起威仪,不能受善不善业道,不能入定,不能出定;势用,一切皆能起作。由能引发,从睡而觉。由势用故,观所梦事。如是等分别说部,亦说此识名有分识。"

无性《摄论释》关于有分识的说明,奘门师弟给以九心轮的解说。依窥基说:实际上只有八心,因为从有分出发,末了又归结到有分;把有分数了两次,成一个轮形,所以名为九心轮。《成唯识论枢要》(卷下)就是这样说的:

"上座部师立九心轮:一、有分,二、能引发,三、见,四、等寻求,五、等贯彻,六、安立,七、势用,八、返缘,九、有分。然实但有八心,以周匝而言,总说有九,故成九心轮。"

西藏所传无著论师的《摄大乘论》,也有有分识的记载,但只有七心:

"圣上座部教中,亦说名曰:有分及见,分别及行,动及寻求,第七能转。"

此七心或九心的见解,在汉译《解脱道论》(卷一○)中,有较为详确的说明:

"于眼门成三种,除夹上中下。于是上事,以夹成七心,无间生阿毗地狱。从有分心、(生)转(心)、见心、所受心、分别心、令起心、速心、彼事心,……从彼更度有分心。"

　　九心的次第演进(除有分唯有七心),是依五识最完满的知意活动而说。五识的中、下,意识的上、下,虽不出此九心的范围,但都是不完具的。《解脱道论》是上座铜鍱者的论典,依铜鍱者的看法:意识是一切心理作用的根本,一切心识作用,不外意识的不同作用,所以他是一意识师、一心论者。照他说,"有分心",是"有根心如牵缕",是三有的根本心,即是生命内在的心体,从过去一直到未来。在从五识而作业受果的过程中,从有分生起七种心:第一"转心",是根境相接时,有分心为了要见外境而引起内在的觉用。奘译作"能引发"(即藏译之动),近于警心令起的作意。因转心的活动,现起眼等(根)识,直见外境,是第二"见心"。五识虽刹那间直取对象,但还不能有所了知。接着生起第三"受心",承受见心所摄取的资料,加以体察。一译作"寻求心",是属于摄取对象与了解对象间的心用。等到明确地了解,知道是什么,即是第四"分别心"。奘译称之为能起语言分别的"安立"。在此分别心以前,奘译多一"等贯彻"(藏译也没有),所以玄奘所传的九心轮,有影射瑜伽五心轮的痕迹:如见是率尔心,寻求是寻求心,等贯彻与安立是决定心,势用以下是染净心、等流心。而《解脱道论》的次第,是接近无色四蕴的。如见心是识,受心是受,分别心是想,令起、速行心是思。这点,是值得注意的。奘译在安立以下,起势用心;而《解脱道论》却多一第五"令起心"。这是说,从见到分别,是对外境的认识过程;因认识而引起推动内心作业的意志作用。因此,接着就是动作行为的第六"速行心"。令起是引起作业的,速行是作业的。作业而得果,也即是作业终了时心识的休息,是第七"彼事心"。奘译作"反缘"。但这还是从行动而返归内心的过程;到了内心澄静的本来,那就是复归于有分心了。从上面所说,可知有分是心识的内在者,深潜而贯通者。见、受、分别,是向外的认识作用;速行是向外的意志作用;转、令起、彼事,是介于中间的。转是内心要求认识的发动,已不是内在的深细心,也还不是认识。令起心是认识的牵动内心,引起内心意行的反应;但还不是行为者。彼事是行业的反归内心过程。认识与行为的作用一止,那又是有分了。

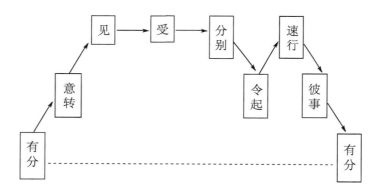

从唯识学上本识的见地去看,应注意它的初生心、命终心。无性《摄论释》所说的"六识不死不生";"或由有分,或由反缘而死,由异熟意识界而生":《解脱道论》也有类似的文证。此不死不生的六识,不是眼、耳、鼻、舌、身、意六识,是眼等五种根识与意界。铜鍱者是一意识师,以意识为精神的根本;五识仅是认识外境的见用,意界是"五识若前后次第生识"。所以,五识与意界——六识，是不配作初生命终心的。三有根本的有分心，是意识中内在的贯通者，《解脱道论》用国王来比喻它。它在业感成熟（彼事心）以后，最初托生，即是异熟主体的意识；有分也可说是三有之因。但死时，自有在一般意识活动完全休止，归到有分心而死的；也有在反缘而流返有分的过程中——彼事心，就死了的。以彼事心而死，或是猝然而死的。在人类猝死时，常有一生的经历，突然浮现在心上而后死的。铜鍱者的以意识为本，与意界是常论者的以意界为本，虽有多少不同；但它在一般知意的内在，指出一"如牵缕"的贯通三世心，那就可见它与唯识的本识是如何的接近了。

第六项 细意识

上座分别论者，还有建立粗细二意并生的，如《成唯识论》（卷三）说：

> "有余部执：生死等位，别有一类微细意识，行相所缘俱不可了。"

这余部，是上座部。据《唯识述记》（卷四）的解说，上座部有本末二计：本计粗意识与细意识可以同时生起，末计却主张粗细二意不能同时。粗细并起的见解，已进入七心论的领域，不再是六识论所能范围的了。二意别起论者，在六七识论的分界线上，还有进退的余地。七心论者的难题，在说明细心的所依、所缘与行相。现在，这一派上座学者，爽直地提出了"所缘行相俱不可了"的主张。这到后代的大乘唯识学里，虽在说细心的根、境、行相,但"所缘行相俱不可了"的意见,一直被采用着。依论文来说,这细心的作用,表现在初生与命终的阶段。到底平时有没有细心,却没有说到。如依道邑《义蕴》的解说,这细意识,不但是受生命终心,还是以后诸法生起的所依,它是缘根身和器界的。这样,与唯识学上的本识,简直到了不易辨认的地步。

第五节　大众系与本识思想

第一项　大众系的特色

大众部,是根本二部的一部,四大派的一派。在大乘佛教思想的开展上,它有极大的勋绩。它虽是小乘部派之一,但不像萨婆多部那样的固拒大乘,它是不妨兼学大乘,甚至密咒的。在大众部所传的《增一阿含经》里,已有菩萨藏结集的记载;它最先承认了大乘的正确性。在小乘方面,它也有经、律、论(蜫勒)三藏;但像义净所见的论典,似乎是后出的。在中国,除《分别功德论》以外,没有其他论典的传译。因此,考察大众系的思想,有一极大的困难,就是它的思想只能从《大毗婆沙》等敌对者的口中间接介绍出来,没法从它自宗的论典里去发见它思想的全貌。大众系论典传译得很少,这决不是译者的有意歧视。大众系的学者,具有超越的想像力,不重在名相繁琐的知识;它不需要阿毗达磨式的论典,它不想造成表现自己的学派,愿意把自己化在一切中,共一切存在而存在。所以它的思想表现,不在论典,而在另一姿态之下(这实在不过是印度婆罗门文化的特色)。

从大众系思想的大势来看,它是佛陀中心论者。深化了佛陀的功德,不像有部他们以阿罗汉作中心。它标揭了心性本净说,展开了圣道真常的妙有论。虽没有多量的论典,却有异常庞大的典籍,开显这佛陀中心论与真常妙有、心性本净的思想。就是在唯识学的体系中,谁是多心并起论者? 谁是最初的熏习论者? 谁是根识思想的先进者? 不消说,这都是属于大众部的。在大众系发扬皇厉的时代,从上座系中分离出来的有部、犊子部,还在萌芽的时代。对于大众系,在佛教思想的开拓上,我感到它的伟大! 我想,大乘唯识学者,是决不该忽略它的!

第二项 遍依根身的细意识

大众系的心识观,最初也是一心相续的六识论。它容许有无心的有情吗? 窥基在《唯识述记》(卷五)说:

"大众、经部等解:如常施食、受乐,非谓一切时有(染污意)名恒。"

《婆沙论》(卷一九)说大众部主张"惟心心所有异熟因及异熟果",可知大众部的业果相续,很早就建立在心法上的。容许无心的有情,等于容许无业无果的有情,这是不可想像的。《婆沙》(卷一五二)说譬喻分别论者,"说无有情而无色者,亦无有定而无心者";这无色界有色(本是大众部特有的教义),无心定有心,我认为是大众与譬喻、分别论者共同的见解。

《异部宗轮论》说大众部末宗异义,有主张"有于一时二心俱生"的。这二心俱生,还不过是六识并起。但细意识的思想,

《异部宗轮论》也确已提到,它说:

> "心遍于身。"

窥基《述记》说:

> "即细意识遍依身住,触手刺足俱能觉受,故知细意识遍住于身;非一刹那能次第觉,定知细意遍住身中。"

心遍依身的思想,是从执受而推论得来。执受,就是说,把它作为自我的一体,属于生命的机动体,而不是世界的。这所执受的是根身,能执受者是心。因心的执取,根身才成为生动的有机体,能因外境的接触而立刻引起反应——感觉。我们一期生命的延续(生)与崩溃(死),也就在此。我们触手刺足,不论刺激哪一部分,那一部分就能引起感觉;这可以证明有心在执受着。心若一旦不起,根身再也不能有所感觉。所以,大众末计的细心执受,就是生命的象征,一切感觉的来源。刺激多方面或者全身,就能引起全身的感受,因此证明心识是普遍地执受着。不然,也就不能同时生起多方面的感受了。大众部的执受心,是常在而有演变的,在不息的变化中,适应众生身量的大小而大小。这遍依于身的心无时不在,而六识却是起灭间断的;所以遍依根身的执受心,必然是细意识。这遍依于身的细心,不但与大乘唯识学上的本识执受根身有关,就是对藏识之所以为藏,也有直接的关系。

第三项　生起六识的根本识

大众部的根本识,是六识生起的所依;无著论师在《摄大乘

论》里,早就把它看成阿赖耶识的异名。论上说:

> "于大众部阿笈摩中,亦以异门密意说此名根本识,如
> 树依根。"

世亲《释论》(卷三)作了简单的解说:

> "谓根本识,为一切识根本因故;譬如树根,茎等总因,
> 若离其根,茎等无有。"

"如树依根"的依,世亲解释做诸识的根本因。护法《成唯识论》(卷三)说"是眼等识所依止故"。有人望文生义,说世亲是约种子作亲因说的,护法是约赖耶现行作六识俱有依说的。其实,大众部并不如此,世亲也是从现行的细心而说。像世亲《三十唯识论》说的"依止根本识,五识随缘现",几曾有种识的意味?这生起六识的细心,像树茎、树枝所依的树根一样。在这里,见到了本识思想的源泉,也见到了"本识"名字的成立。《解深密经》的阿陀那识、《楞伽经》的一切根识,都是直接从这"根本识"演化而出。本识思想的成立,虽说与上面所叙述的真我、细蕴、细心都有关系,虽可说是这些思想共同要求的合流,但比较主要的,要算大众部的根本识、分别论者的一心、经部的集起心。它们在建立的目的及说明上,各有它的侧重点;而根本识的重心,在说明心理活动的源泉。

根本识与大众系末宗异义的细意识,只是一体的两面,应该把它综合起来考察。这要从六根说起:五色根,佛弟子间有两个不同的看法:萨婆多他们说眼等五根是微妙不可见的色法。根

的作用,是摄取外界的相貌;因色根取境的功能,才能引起眼等五识。识的作用是了别。还有大众部他们,说眼等只是血肉的结合,它根本没有见色、闻声的功能,见色闻声的是五识。大众系既没有把引发精神活动的能力给予五根,五根只是肉团,那么对于根身灵活的感应,与所以不同非众生的色法,自然要给以其他的解说,这当然是意根了。谈到意根,各方面的意见更庞杂。上座系的铜鍱部,说意根就是肉团心,就是心藏;它把意根看成了物质的。其他学派,一致把它看做心法,这当然要比较正确得多。佛说十二处总摄一切法,如果把意处的意根看成色法,那一切心心所法,又摄在哪一处呢? 在意根是心的意见里,又有过去心与现在心两派:说一切有系是主张过去心的,他们不许二心同时现起,不许六识外别有细心,所以说刹那过去的六识,能引起后念的六识,叫意根。但意界是常论者和大众部,是在六识以外建立一个恒存的细心,这细心有生起六识的功能。

　　意根,在十八界里属于意界。无间灭意论者,虽巧妙地解释了意界与六识界的差别,事实上并不能显出意界有什么特性。依《中阿含·嗏啼经》看来,意根不但是意识,也是五识生起的所依。凡是论到六识的生起,是不能离却意根的。大众末计的"心依于身",说明了因心的执取五根,才能遍身生起觉受。执持根身而起觉受,与五识的是否生起无关,与识上的苦受乐受也不同。像入定或熟睡的时候,虽然不起五识与相应受,但出定与醒觉以后,我们还感有一种怡悦或劳顿的领受。假使熟睡时没有任何身体上的感觉,那醒后的身识与意识,也不该有因熟睡而生劳倦之感,这就是细心执受的明证。依大众部的见解,眼不见色,耳不闻声,五根只是肉团。细心执持肉体,才能起觉受,生六识。总之,大众部的细心说,是遍藏在根身之内而无所不在;它与根身有密切的关系。众生与非众生、生存与死亡的分野,都在这里。认识作用的六识,也从它而起。细心的觉受,是生命的表象,是微细的心理活动。

唯识学上的本识,本来着重在生命缘起;在生命依持与现起六识的作用上,涌出了深秘的本识思想。后代的大乘唯识学者,虽也片段地叙述到这些,而把重心移到另一方面。不过,我们应该知道,细心的存在,是不能在持种受熏上得到证明的。

第三章　种习论探源

第一节　种习思想概说

　　种子与习气,是唯识学上的要题,它与细心合流,奠定了唯识学的根基。探索生命的本质,发现了遍通三世的细心。寻求诸法生起的原因,出现了种子与习气。种习与细心,有它的共同点,就是从粗显到微细,从显现到潜在,从间断到相续;在这些上,两者完全一致。化地部的穷生死蕴,是一个很好的例子。但种习的目的,是要成为一切法生起的功能,它需要的性质是差别、变化。细心的目的,在作为杂染清净的所依性,这自然需要统一、固定。在这点上,细心与种习,无疑是截然不同的。种习,本来不一定要与细心结合(像经部的根身持种),但在"诸法种子所集起故,说名为心"的经文启示下,种子与细心就很自然而合法地结合起来。不过,统一与差别、转变与固定,这不同的特性,再也无法融成一体。而理论上,又决不能让它对立,于是细心与种子的关系,规定为不一不异。

　　种是种子,习是习气或熏习。大乘唯识学里,特别采用这个名词,但在部派佛教里,随界、不失……有各式各样的名称。起初,这些都是从各种不同要求下产生,后来才渐渐地综合起来。它们共同的要求,是在某一法没有现起作用时,早已存在;一旦因缘和合,就会从潜在的能力转化为现实。萨婆多部,依现实的存在,推论到未来世中已有色、心一切法的存在,也可说是种子

思想的表现。但它是三世实有论者，只见过去、过去，却不能转
化过去的在新的形式下再现。它与种习思想，不能说无关，但到
底是很疏远的。这种习思想，与过未无体说有密切关系。未来
是无，就不能像有部那样把一切法的因体存在未来。业力等刹
那灭去，不能说等于没有；过去既然无体，也就不能把它放在过
去。这样，不论它有没有建立种子与习气，这些潜力的保存，总
得安放在现在。在现在的哪里呢？在生命缘起为中心的佛法，
是必然要把它摄属到有情身上。有的说依根身（色），有的说依
心。结果，种习与细心的结合，成了唯识学者的公论。

　　种子与习气，都是根据比喻而来。豆、麦，都是种子。种子
虽需要其他适当的条件，才能抽芽、发叶、开花、结果；但豆叶、豆
花与麦叶、麦花的差别，主要的是种子。水、土等条件，虽说能引
起相当的变化，但究竟微乎其微。种子不但有生起的功能，并且
生起的结果，还和它同类。生起诸法的功能，叫它做种子，就是
采取这个意义。后代的唯识学者，把种子演化贯通到异类因果，
其实种子的本义，在同类因果。习气，就是熏习的余气，像一张
白纸，本没有香气和黄色，把它放在香炉上一熏，白纸就染上了
檀香和黄色。这个熏染的过程，叫熏习；纸上的香气和黄色，就
是习气（后代也叫它为熏习）。熏习的本义，是甲受了乙外铄的
熏染，甲起了限度内（不失本性）的变化。这虽是甲乙发生关系
的结果，但甲是被动的主体，乙是主动的客体，关系不是相互的。

　　种子，《阿含经》早有明文，像"识种"、"心种"、"五种子"，
各派都承认它是佛说（解说有出入）。像大乘唯识学的种子说，
原始佛教是没有的。这要经过学派的辨析，要有部异师与经部

合作,才积极地发达起来。所以,一直到了大乘教中,还充满有部系的色彩。习气,本不是能生诸法的功能,它与烦恼有关,与覆染本净的思想相互结合。习气的本义,是说受了某一法的影响,影响到本身,本身现起某一法的倾向与色彩。它被看为颠倒错乱现象的动因。种子与习气,经历了错综的演变,往往化合成一体的异名。大乘唯识学里,这两者的差别性已没有绝对的分野;但亲生自果与受染乱现的思想仍然存在,并且演出了各别的学派。这一点,我们应该深切地注意才好。

第二节　微细潜在的烦恼

第一项　随眠

一、总说

在部派佛教里,随眠被争论着,争论它是不是心相应行(心所)。其实问题的重心,却另有所在。众生的不得解脱生死,原因在烦恼未断。烦恼是特殊的心理作用,它在心上现起时,能使心烦动恼乱,现在、未来都得不到安静。断了烦恼,才能"毕故不造新",不再感受生死苦果。我们不也常起善心吗? 在烦恼不起的时候,为什么还是凡夫,不是圣人? 虽然有人高唱"一念清净一念佛",事实上,我们还要生起烦恼;过去烦恼的势力,还在支配我们。这一念善心,不同圣者的善心,还充满杂染的黑影。这样,就要考虑到过去烦恼势力的潜在,未来烦恼生起的功能。在这点上,微细的、相续的、潜在的随眠,就被佛弟子在经中发现。心不相应的随眠论者,与反对派的相应论者,引起了很大的辩论。后来又引出其他的见解，随眠问题是更复杂化了。把各家的见解总摄起来，是这样的：

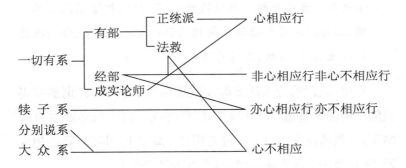

二、有部的心相应行说

萨婆多部的见解，未来还要生起烦恼，这是因为烦恼没有得到非择灭。过去的烦恼，因有不相应的"得"的力量，使烦恼属于有情，没有和它脱离关系。在这样的思想下，过去烦恼的势力，或能生烦恼的功能，老实说用不着。它有了"三世实有"，再加上"得"和"非得"，凡圣缚解的差别就可以建立。

> "若说一类，非于多时为欲贪缠缠心而住；设心暂尔起欲贪缠，寻如实知出离方便。彼由此故，于欲贪缠能正遣除，并随眠断。"

依经典（转引《俱舍论》卷一九）的明文，很可以看出缠和随眠的分别。"起欲贪缠"，"为欲贪缠缠心而住"，缠是烦恼的现起而与心相应的。此外别有随眠，除有部以外，一切学派都把它看成与现缠不同。唯有有部学者，认为随眠是缠的异名，也是与心相应的心所。像《俱舍论》（卷一九）说：

> "毗婆沙师作如是说:欲贪等体,即是随眠。岂不违经?无违经失。并随眠者,并随缚故;或经于得假说随眠,如火等中立苦等想。阿毗达磨依实相说,即诸烦恼说名随眠,由此随眠是相应法。何理为证知定相应?以诸随眠染恼心故,覆障心故,能违善故。"

它用"或设劬劳为遮彼起而数现起"的随缚义,"谓能起得恒随有情常为过患"的恒随义,解释随眠。以阿毗达磨者自宗的正理,判佛说为假说。不过它用三个定义证明随眠是心相应行,在其他的学派看来,这都不成为随眠的作用。

三、大众分别说系的心不相应说

大众系分别说系,一致以随眠为心不相应行,与缠不同。《异部宗轮论》说:

> "随眠非心非心所法,亦无所缘。随眠异缠,缠异随眠。应说随眠与心不相应,缠与心相应。"

要理解大众分别说系的随眠,应记得它是心性本净论者,它怎样重视性净尘染的思想。真谛译的《随相论》,有关于随眠的解释:

> "如僧祇(即大众)等部说:众生心性本净,客尘所污。净即是三善根。众生无始已来有客尘,即是烦恼,烦恼即是随眠等烦恼,随眠烦恼即是三不善根。……由有三不善根故起贪嗔等不善,不善生时,与三不善根相扶,故言相应。"

覆障净心的客尘,就是随眠。它说随眠是三不善根,但犊门的传说(见《唯识义蕴》卷二),随眠与缠一样,也有十种。据《顺正理论》(卷四六)的记载,分别论者的随眠,只许七种。或许分别论者立七随眠,大众部等以三不善根为随眠吧!总之,在凡夫位上,随眠是从来不相离的。因随眠生起贪等不善心所,才是相应。它把相应解释做"与不善根相扶",依一般共同的见解应该是说心所与心相应。众生的心性本净,又没有贪等烦恼现起,然而还是凡夫,不是圣人,归根是随眠在作障。这依随眠的存在分别凡圣的界线,窥基的《宗轮论述记》与智周的《唯识演秘》都曾经说到;但说到无心定,是完全错误了。《宗轮论述记》说:

> "在无心位起善等时,名异生等,但由随眠恒在身故。若是心所,无心等位应是圣人。"

大众系与分别说系,根本不许有无心的有情,怎么依无心有惑的见解,来成立随眠是不相应呢?大众部的见解,不思不觉间也有随眠存在(见《顺正理论》卷四五),它不像相应心所的缠,要在心识活动中出现。它虽不与心相应,却也展开它的黑影,影响那清净的心性,使它成为有漏。随眠与缠,确是种子、现行的关系,如《大毗婆沙论》(卷六〇)说:

> "缠从随眠生。"

《顺正理论》(卷四五)也说:

> "且分别论执随眠体是不相应,可少有用,彼宗非拨过去未来,勿烦恼生无有因故。"

这都是随眠生缠的明证。《成唯识论义蕴》(卷二)也有详细的引述：

> "问：大众随眠为是种不？答：俱舍十九牒彼计云：若
> 执烦恼别有随眠心不相应名烦恼种；此中复说名贪等故，如
> 现贪等。若不对种，何名现贪？故知此师随眠是种。现行
> 贪等与心相应，故此随眠名不相应。"

随眠是现行贪等种子，可说毫无疑问。但勿以为它是种子，
就轻视它的力量。它虽没有积极的活动到精神界去，它在不生
现行的时候，还是染污净心的。随眠比较心性，虽说是客尘，但
无始以来就有，随眠也该是本有的。我们进一步要问，现起烦恼
有没有增长随眠的力量？换句话说，随眠有没有新熏的？玄奘
门下传说的大众、分别说系，"彼许种子而无熏习"（《成唯识论
学记》卷四）；"破大众部，然彼无熏习义"（《成唯识论述记》卷
四）。但考寻论典，它们确是有熏习的，像《成实论》（卷三）说：

> "汝法中，虽说心不相应使（使，是随眠的异译），与心
> 相应结缠作因。……汝法中，虽说久习结缠，则名为使。"

"久习结缠则名为使"，可说是熏习最明显的证据（它的熏
习论，后面还要说）。成实论主自宗，主张"是垢心（缠）修集则
名为使"（见《成实论》卷一〇），与"久习结缠则名为使"相近。
但成实论宗，是在烦恼相续展转增盛的意义上建立随眠，还是现
行的心法，不像不相应行的随眠论者，建立在心心所法以外。

大众系他们发现了烦恼的潜在力，这或是本具，或是新熏
的，最初展开了种子生现行、现行熏种子的思想。但一般人的见

解,要发生疑问:烦恼有种子,其他一切法为什么没有呢?《成实论》主曾这样责问过(《论》卷三):

"身口等业亦有久习相,是亦应有似使心不相应行!"

《俱舍论》主也曾责难过(《论》卷一九):

"若执烦恼别有随眠心不相应名烦恼种,应许念种非但功能,别有不相应能引生后念。此既不尔,彼云何然!"

这确乎是很费解的。现存参考的资料既不完全,我们也无从作适当的解说。不过,在佛家业感的缘起论里,是否色法也要各从自种生?烦恼的潜能是随眠;业是动力,大众部各派,都不许它是色性,把它建立在内心的活动上。这内心的活动,至少大众部是承认有熏习的。明净的心性,在相续的演化下,成为无漏和善法的根据。惑业的能力,遇相当的现缘,招感一切色法。这要不要业力以外的种子,还值得注意。怕由心所生的论调,大众部他们还是非常彻底的呢!

四、犊子系的亦心相应亦心不相应说

随眠,不是心所法,这似乎是佛的本意。不但有经文的明证,就是从学派上看,也只有部系才主张随眠即缠。有部系中,除迦旃延尼子派以外,像譬喻经部师,大德法救,也都主张缠和随眠不同(见《婆沙》卷五一)。不过,这要在过未无体的思想下,才会感到随眠潜在的需要。犊子系是三世实有论者,它也建立了"得",不知怎样解释不相应行随眠的作用!这难怪要受众贤的批评了。《顺正理论》(卷四五)说:

"然犊子部信有去来，执有随眠非相应法，如是所执极
为无用。如彼论言：诸欲贪缠，一切皆是欲贪随眠，有欲贪
随眠非欲贪缠，谓不相应欲贪随眠。"

依犊子系的见解，随眠是一切烦恼的总名；其中心相应的一
分，又叫做缠。还有那不相应行的一分，与缠不同，它多少调和
了随眠的诤论。

经部非相应非不相应的随眠说，留到下面再谈。

第二项　习气

习气、熏习、习地（即住地），在大乘教学上广泛地应用着。
瑜伽派虽还保存烦恼气分的习气，但它继承经部的思想，已把熏
习应用到一切法上。从释尊本教上看，习气就是烦恼的气分，此
外好像没有什么习气。习气的有无，是佛与二乘断障的差别，像
《大智度论》（卷二）说：

"阿罗汉、辟支佛，虽破三毒，气分不尽。譬如香在器
中，香虽去，余气故在。又如草木薪火烧，烟出炭灰不尽，火
力薄故。佛三毒永尽无余，譬如劫尽火烧，须弥山、一切地
都尽，无烟无炭。如舍利弗嗔恚余习，难陀淫欲余习，毕陵
伽婆蹉慢余习。譬如人被锁，初脱时行犹不便。"

佛是烦恼、习气都尽了的，声闻、独觉还剩有余习。这烦恼
气分的余习，就是无始以来一切烦恼的惯习性。烦恼虽已断却，
但习气还在身体、言语、意识上不自觉地流露出来，像舍利弗的
"心坚"，毕陵伽婆蹉的喊人"小婢"。它虽是烦恼气分，但并不

是偏于心理的。习气的体性，可以暂且勿论，重要的问题是小乘有没有断习气。大天的罗汉"为余所诱"、"犹有无知"、"亦有犹豫"，都是习气之一。大众系等主张罗汉有无知、有犹疑，萨婆多部等主张"虽断而犹现行"，这在部派分裂上，是一个著名的诤论。据有部的传说(《大毗婆沙论》卷九九)：大天不正思惟，在梦里遗了精，说是天魔的娆乱。他给弟子们授记，说他们是罗汉。弟子们自觉没有自证智，还有疑惑，大天却说这是"不染无知"、"处非处疑"。据真谛记的解说，这都有真有假：罗汉确乎可以受天魔的娆乱，确乎有不染无知与处非处疑；但大天和弟子都不是罗汉，所以是假的。他们对初事的见解是同的，后二事就有很大的出入。真谛怪他的弟子不是罗汉，这也不致引起教理上的纠纷。《婆沙》说他毁谤罗汉没有自证智，还有疑惑。圣者证果而没有自觉与证信，在后代佛教思想上，没有这种痕迹。居于大众系领导地位的大天，也不致那样荒唐。事实上，这是"不染无知"、"处非处疑"，阿罗汉有没有断的诤论。

　　罗汉有无知、有疑惑，这是指出了罗汉功德上的缺点。在以罗汉为究竟的上座面前，简直等于诬辱，这才引起了严重的纠纷，促成部派的分裂；大天也被反对者描写成恶魔。大天的呼声，震醒了全体佛教界，获得了新的认识，从狭隘的罗汉中心论里解放出来。罗汉的无知未断，还有他要做的事，才回小向大。大乘不共境、行、果的新天地，都在罗汉不断余习的光明下发现。

　　大天的"不净漏失"、"不染无知"、"处非处疑"，本来都是习气。但有部特别扩大了不染无知，使它与习气有同样的意义。在《大毗婆沙论》(卷一六)所说的习气、卷九所说的不染污邪智,也在说佛陀毕竟永断,声闻、独觉还有现行。《顺正理论》(卷二八)对不染无知提出两个大同小异的解说:一、不染污无知,是"于彼味等境中,数习于解无堪能智,此所引劣智,名不染污无知。即此俱生心心所法,总名习气"。这是说习气是有漏劣慧与它俱生的心心所法。二、是"所有无染心及相续,由诸烦恼间杂所熏,有能顺生烦恼气分;故诸无染心及眷属,似彼行相而生"。这是说习气是有漏劣智和同时的身心相续。依《顺正理论》主的见解,烦恼引起不染无知,是非常复杂的。一切圣者,虽都已经断尽,但有行与不行的差别。如解脱障体,也是劣无知,慧解脱罗汉还要现行。像《顺正理论》(卷七〇)说:

> "何等名为解脱障体? 诸阿罗汉心已解脱,而更求解脱,为解脱彼障。谓于所障诸解脱中,有劣无知无覆无记性,能障解脱,是解脱障体。于彼彼界得离染时,虽已无余断而起解脱,彼不行时,方名解脱彼。"

又像学、无学的练根,也是为了"遮遣见修所断惑力所引发无覆无记无知现行"。可知退法等五种种性,虽是无学,也还有不染无知现前。众贤一贯的意见,断是断了,行或者还要行。不过习气与不染无知,有部的古师也有主张不断的,像《大毗婆沙论》(卷一六)说:

> "有余师说:阿罗汉等亦现行痴,不染无知犹未断故。"

这明显地说不染无知不断,所以有现行的愚痴,与"虽断而犹现行"的意见,截然不同。

　　检讨唯识学的种子思想,为什么要谈到习气与不染无知呢?
一、习气在一分唯识学里,被看为与种子共同的东西,那么习气
的本义,也是需要认识的。二、在大乘教学里,习气与随眠渐渐
地融合起来。从随眠的心不相应,走上习气(习地)的心不相
应。习烦恼与起烦恼,有的等于随眠与缠,有的等于烦恼与习
气。而小乘有没有断习,也就成了可讨论的问题。三、心性本
净,无始以来习气所染,成了唯识学上普遍而极根本的问题。习
气已替代随眠成为客尘的本质。这样,唯识思想的探求者,自然
有加以理解的必要。

第三项　阿赖耶

　　第八识虽有很多的名称,阿赖耶要算最主要的了。阿赖耶
在初期的佛教界并没有被认为细心,它是以"著"的资格出现
的。它在唯识学上占有这样的地位,当然在它名词的本身有被
人认为细心的可能。阿赖耶定义的不同,也是后代唯识学分歧
的地方,我们需要虚心地去认识它。无著论师在《摄大乘论》
(卷上)说:

> "声闻乘中,亦以异门密意已说阿赖耶识,如彼《增一
> 阿笈摩》说:世间众生,爱阿赖耶、乐阿赖耶、欣阿赖耶、喜
> 阿赖耶。……于声闻乘《如来出现四德经》中,由此异门密
> 意,已显阿赖耶。"

　　这里说的《增一阿含》,无性说它是一切有部的。现存的汉
译《增一阿含》,并没有这《如来出现四德经》;这也可见印度小

乘经典彼此的不同了。在律部中,佛起初不想说法,原因就是众生乐阿赖耶等,铜镍部经律,作三阿赖耶,阿赖耶为众生不易解脱的症结所在。阿赖耶是什么?《摄论》提出了"五取蕴"、"贪俱乐受"、"萨迦耶见"三说;梁译的世亲《释论》(卷二)又提出了"寿命"、"道"、"六尘"、"见及尘"四说;《成唯识论》又加上"五欲"、"转识等"、"色身"。究竟有部有这般异说呢,还是论师的假叙呢? 这都没什么重要,阿赖耶究竟是什么意义,倒是值得检讨的。

　　唯识学里,阿赖耶有多样的解释,比较共同而更适当的,是"家"、"宅"(窟宅)、"依"、"处",唐玄奘旁翻做"藏",也还相当的亲切。根据各种译典去领会阿赖耶的含义,可以分为"摄藏"、"隐藏"、"执藏",但这是同一意义多方面的看法。这可以举一个比喻:一张吸水纸,吸饱了墨汁,纸也变成了黑纸。在这纸墨的结合上,可以充分表显赖耶的含义。像纸能摄取墨汁,纸是能摄藏,也就是墨汁所摄藏的地方。无著论师的赖耶,有能藏、所藏义,就是这摄藏的能(主动)所(被动)两面的解释。这摄藏的要义是"依"。又像纸吸了墨汁,墨色就隐覆了纸的本相,纸的本相也就潜藏在一片黑色的底里;这就是隐藏的能所两面观了。一分唯识学者,忽略了这一点,结果不要说《楞伽》,就是看为最重要依据的《解深密经》里的阿赖耶的定义,也被遗弃。这隐藏的要点是"潜"。又像墨汁固然渗透到纸的全身,纸也有它的吸引力,这就是执藏的能所两面观;它的要义是"系著"。一分唯识学者,但取了赖耶的被执著,忽略它本身的执取力,它们好像赖耶是没有能执著的作用一样。其实不然,像《俱舍论》(卷一六)引经说：

> "汝为因此起欲、起贪、起亲、起爱、起阿赖耶、起尼延底、起耽著不？"

阿赖耶有能著的意义，经文是何等明显！《增一阿含经》所说的阿赖耶，有部学者也有说它是"萨迦耶见"，是"见"，也是在说明它的能取能著。如阿赖耶没有被解为能取能著的可能，那这些学者简直是胡说了。要知道一字作能所两面的解释，不但有能藏所藏作前例，也是文字上普遍的现象。

阿赖耶的本义是"著"，但一经引申，就具有广泛的含义。它比阿陀那、毗播迦、心、意、识，更能适应细心多种多样的性质，它也就自然被人采用作细心最正规的名字。阿赖耶是近于爱欲的烦恼，本与种习没有必然的关系；但因它与本识有关，在这微细的烦恼中，附带地加以说明。

第三节　业力的存在

第一项　概说

业力是佛法中最主要的论题。众生种种的差别，获得自身行为应得的结果，都建立在业力上。初期的佛教，因业力已普遍地受人信仰，所以多说明业力的必然受果与业用的差别；对于业力的体性与怎样存在，反而很少解说。佛弟子在自行化他的要求上，不能不讨论业的体性与怎样的存在；业力也就理论化，展开了各家各派的解说。一直到现在，业力还需要深刻的研究。

它的因果(异熟)必然性,还需要再确立。

业,虽刹那间过去,而招感后果的力用还是存在。这"业力的存在",是身口行为所引起的,是生起后果的功能。业力的存在,就是动力的存在。在这些上,它与种子或熏习,比细烦恼与种习的关系更密切。可以说,业力生来就含有种子的意味。我们只要稍微考察一下各派关于业力存在的说明,就很容易看出它是怎样的向种子说前进。像《楞伽经》的"业相"与"心能积集业"的业,简直就是种子的异名。要研究种习,是不能忽略业力的。

第二项　各派对业力存在的异说

一、萨婆多部的无表色

萨婆多部的见解,业有身、口、意三种。意业是思心所,因思心所所发动引生的形色、言语,叫做身表和语表,这都是色法。身表与语表业,刹那引起另一种不可表示、没有对碍的色法,叫无表色,就是无表业(依欲界说)。这无表色,是从四大所造,也有善与不善两类。无表色的教证,虽然很多,但主要是业力的相续增长。身表、语表,是刹那灭而间断的,意业也是三性不定的,但业力却是相续的,像经上说(转引《俱舍论》卷一三):

"成就有依七福业事,若行、若住、若寐、若觉,恒时相续,福业渐增,福业续起。"

这可以看出有某一类法(业力)在相续如流。佛曾说过"无表色",虽然各家的解说不同,但因表色而引起的潜在业力,称为无表色，确也非常适宜。

二、经部的思种子

从有部流出的经部譬喻师，对业力的见解和有部不同。《大毗婆沙论》（卷一二二）说：

"譬喻者说：表无表业，无实体性。"

身表、语表与无表色，它都认为不是真实的。形色是依显色的积聚而假立的；能诠的语声，一刹那不能诠表，多刹那相续也就不是实有。无表色，是"依过去大种施设，然过去大种体非有故"，也不是实有。它虽承认表无表色的名称，却不许它是业的实体。那么业是什么呢？《大毗婆沙论》（卷一一三）说：

"譬喻者说：身、语、意业，皆是一思。"

《婆沙》（卷一九）的"离思无异熟因"，也是这个意义。《俱舍论》（卷一三）、《顺正理论》（卷三四）都有譬喻者的业力说。大意说：考虑、决定时的"思维思"，是意业。因"思维思"而引起的"作事思"，能发动身体的运动、言语的诠表。这动身发语的"作事思"，是身业与语业。身体的运动与言语的诠表，只是思业作事所依的工具。这还在三业方面说，谈到无表业，譬喻论者只说成就。后代经部，说是因思心所的熏习，而微细相续渐渐转变。简单地说，无表业是微细潜在相续的思种子。它与有部对立起来，有部说是无表色，它却说是种子思。

三、《成实论》的无作业

从经部流出而折衷大众分别说系的《成实论》，它的三业说

与经部没多大出入,无表业却有不同的见地。《成实论》(卷
七)说:

> "从重业所集名无作(无表),常相续生,故知意业亦有
> 无作。……何法名无作? 答曰:因心生罪福,睡眠闷等是时
> 常生,是名无作。……意无戒律仪,所以者何? 若人在不善
> 无记心,若无心,亦名持戒,故知尔时有无作。不善律仪亦
> 如是。问曰:已知有无作法非心,今为是色? 为是不相应
> 行? 答曰:是行阴所摄。……色声香味触五法,非罪福性
> 故。……又或但从意生无作,是无作云何名色性? 有无色
> 中亦有无作,无色中云何当有色耶?"

它说意业也有无表。它否认无表业是色法,主要是因为无
色界中也有无表业存在。心是那样忽善、忽恶、忽有、忽无的,又
怎能说业力是心呢? 因此,它把无表业摄在不相应行中。《成
实论》主虽建立了潜在的业力,但对其他的色法、心法,没有像
经部那样建立种子。这点,与《成业论》所说的不失、增长论者
的意见相近。《成业论》说:

> "由善不善身、语二业,蕴相续中引别法起,其体实有,
> 心不相应行蕴所摄。有说此法名为增长,有说此法名不失
> 坏。由此法故,能得当来爱非爱果。"

不失与增长,《顺正理论》(卷一二、三四、五一),虽都把它
看为与种子异名同实的东西,但依《成业论》看来,也还是局限
在业力方面,与成实论师一样。

四、大众分别说系的成就与曾有

大众部他们的意见，无表色既不是业，也不是瑜伽师所说的定自在色。《成唯识论述记》（卷二）说：

"若大众、法密部，别立无表色，谓身勇身精进；若心勇等心所摄，上座胸中色物，亦法处摄。"

他们既不许无表色是潜在的业力，那怎样解说业力的存在呢？《大毗婆沙论》（卷一九）说：

"或复有执唯心心所有异熟因及异熟果，如大众部。"

招感异熟果的业因，大众部规定为心心所的功能。大众部的潜在的业力，建立在心心所法上，是可以推想而知。它与譬喻者的"离思无异熟因，离受无异熟果"，都把业因业果归结到心上，这实在是唯识思想一个重要的开展。但大众的"唯心心所有异熟因及异熟果"，或许是比较后起的。在相传目犍连子帝须所撰的《论事》里，大众部主张"声是异熟果"，"六处是异熟果"，就和《婆沙》的"唯心心所有异熟果"不同。它与正量部同样主张"表色是戒"，"戒非心法"，"戒得后自增长"。但大众的相续不失招感异熟的业力，并不就是表色。这不但大众系如此，化地、（分别说系）正量也都是这样。《论事》说正量部与化地部，和大众末派的案达罗学派，都说"身语表色是善不善性"。正量、化地又说"身语表色，同能引思有善不善性"。表色是戒善（或恶），因表色引起与思相应的善不善心心所，方是善业和恶业（但这还是现行的，不是潜在的）。像《随相论》说：

"正量部戒善,生此善业与无失法俱生。……业体生即谢灭,无失法不灭。……善是心相应法,故生而即灭;无失法非心相应法,故不念念灭。"

大众分别说系,虽没有像正量部那样的建立不失法,但它善恶业刹那过去,业力也并不消失,这叫"曾有"、"成就"。大众、分别说系是过未无体论者,它说过去的业,是曾经现有的东西;它虽灭了,却成就在众生的相续中。意思说,众生没有离却这业力的影响,但过去所造的业,不能说它还是现实的。这等于说过去的善恶业,转化为潜力的存在,不离众生的身心相续中。在种子思想没有被明确揭示出来以前,二世(过未)无的学者,都用这个理论建立前后因果的关系。《成实论》(卷三)二世无家说:

"是业虽灭,而能与果作因,不言定知(知过去业),如字在纸。罪业亦尔,以此身造业,是业虽灭,果报不失。"

他们明白地表示:过去业是灭了,不能说它实有。业与身心相续的关系,像记载事件在纸上一样。事件虽然过去,检阅簿籍以及券约,作事者依然负有券约上的义务。这样,业虽然灭去,但此身心相续,还受有过去业力的影响,还能引起未来的果报。二世无者的"如字在纸"与正量部的不失法,是同样思想的产物。经部的种子说,说明上比较进步些,内容也还是相同。不过,所取的譬喻不同,一个是如字在纸,一个是如种生果。在比较研究所得的结论,种子说,是二世无的必然结论。

曾有与成就,《中论(业品)疏》曾说:

"僧祇、昙无德（法藏）、譬喻，明现在业谢过去，体是
无，而有曾有义，是故得果。"

曾有，是说它曾经是现实的；成就是说它现在还有关系，还
有它力量的存在。成就与"得"相近，但二世无家没有把成就看
成别有一物。譬喻者，依"众生不离是法"而假立的；昙无德部
说"心不离是法"。那在建立成就的意见上，也有依众生、依心
的二派。

五、正量部的不失法

三世实有者，没有考虑业力怎样存在的必要，因为灭入过
去，业还是存在的。他们要讨论的，是业入过去以后，怎样与有
情身心相续发生联系。因了系属有情的要求，建立了心不相应
行的"得"。萨婆多和犊子系，都是这样的。但一经研求，一一
法有一一法的"得"，"得"也还有得它的"得得"，法前、法后、法
俱，成为最琐碎、最困难的论题。业力，因了得的力量，总算在没
有感果、业得未离以前，还是属于有情。

正量部，在"得"以外，又建立了一个不失法。它用债券作
比喻，像《显识论》说：

"正量部名为无失，譬如券约。故佛说颂：诸业不失，
无数劫中，至聚集时，与众生报。"

正量部的不失法与得，在《显识论》里，是被看作种子的。
正量部的《二十二明了论》，也认为得与不失有同样的意义。凡
是摄属有情的一切法，都有得，但不失法却只限在业力方面。善
恶业生起的时候，就有得与不失法跟着同起。得的作用，在系属

有情；不失却是业力变形的存在。这样，不失法与有部的无表色、经部的思种子，意义上非常的接近。正量部主张表色是戒，没有建立无表业。在它的意见，表色引生善恶业，业刹那过去，而还有感得未来果报的力量，这就是不失法。不失法与善恶业同时生起，但不像业体的刹那灭，要到感果以后才消失，如《随相论》说：

> "业体生即谢灭，无失（不失）法不灭，摄业果令不失。无失法非念念灭法，是待时灭法，其有暂住义，待果生时，其体方谢。"

不失法的暂住不灭，依真谛三藏说："是功用常，待果起方灭，中间无念念灭。"（出《中论（业品）疏》）这点，与无表色、种子思，都不相同。不失法虽与业俱生，并且是"摄业果令不失"，但它本身不是业，不是善、恶，是心不相应行的无记法，它只是业力存在的符号。《中观论》（卷三）曾叙述不失法而加以批评说：

> "不失法如券，业如负财物，此性则无记，分别有四种。见谛所不断，但思惟所断，以是不失法，诸业受果报。"

依《明了论》的解说，这无记是自性无记。它不是善、恶，与唯识学的种子是无记性，也有共同的趋向。"分别有四种"，青目释为三界系及不系。假使不失法是通于无漏不系的，应该不单是思惟所断，还有一分是不断的。正量学者，不致于有这样粗浅的矛盾。《随相论》也明白地说："若无漏善不能得果，无有无失法与善俱生。"但思惟断，但三界系，是确然明白无可犹疑的。

"分别有四种",怕不是系与不系吧！

第三项　结说

把上面所说的总结起来看，"无表色"、"种子思"、"无作业"、"增长"、"不失"、"曾有"，这一切一切，都在说身语动作以外，引起业力的存在。这存在，是微细而潜在的，相续不断的，未来的果报是由它引起的。不论它名称是不是种子，已一律具有种子或熏习的含义。不过，种子摄藏在细心里，这要到大众、分别说、譬喻他们，才有这种倾向；因为业力的存在，就在众生的心中。

关于"业力存在"的体性，有部是"无见无对"的色法；经部是思上的功能；成实、正量、大众他们是心不相应行，但又有有别体、无别体的二派。有部把潜在的业力看成色法，确有极大的困难。色的定义是变坏或变碍，无表色对这两个定义都不见得适合。色法的定义，本是依据常识的色法而建立的，把这定义应用到能力化的细色，自然要感到困难。这正像一般哲学家的唯心唯物的心、物定义，往往不是常识的心、物一样。经部说业力是思心所的种子，虽说它"此无别体"，"此不可说异于彼心"，到底业力没有能缘觉了的心用，不能适合心法的定义。这样，还是放在心不相应行里，但非色非心的又是什么呢？

我以为，潜在的业力，是因内心的发动，通过身语而表现出来；又因这身语的动作，影响内心，而生起的动能。它是心色为缘而起的东西，它是心色浑融的能力。最适当的名称，是业。身表、语表是色法，因身语而引起的潜在的动能，也就不妨叫它无表色；至少，它是不能离却色法而出现的。不过，有部把它看成四大种所造的实色，把它局限在色法的圈子里，是多少可以批评的。潜在的业力，本因思心所的引发而成为身口显著的行为；又因表色的活动，引起善不善的心心所法，再转化为潜在的能力。叫它做思种子，或心上的功能，确也无妨。不过，像经部那样把业从身、语上分离出来，使它成为纯心理的活动，规定为心上的功能。唯识思想，诚然是急转直下地接近了，但问题是值得考虑的。

不相应行，不离色心，却也并不是有触对的色法，能觉了的心用，可说是非色非心即色即心的。释尊对心不相应行，很少说到它，它在佛学上，是相当暗昧的术语。部派佛教开展以后，凡是有为法中，心、心所、色所不能含摄的，一起把它归纳到不相应行里。大众系的随眠、成就，正量的不失法，有部的得和命根，成实论主的无作业，这些都集中到心不相应中来，它成了佛家能力说的宝藏了。

第四节　有漏种子

第一项　说转部的一味蕴

微细的烦恼，潜在的业力，虽都是有漏的，但还有不限于业烦恼，而通于一切杂染的有漏种子说，像说转部的一味蕴等。它为什么称为说转？窥基的《宗轮论述记》曾有两种解释：（一）它有种子从现在相续转变到后世的思想；（二）它有实法我，能从前世移转到后世的思想。但这都不是说转部立名的本义，应该依《异部宗轮论》说：

　　"谓说诸蕴，有从前世转至后世，立说转名。"

　　论文说得明白，是从诸蕴的移转得名的。那能移转的诸蕴，是怎样的呢？《异部宗轮论》说：

　　"有根边蕴，有一味蕴。"

　　二蕴的含义，《宗轮论》与各种论典，都没有详细地说到；只有窥基的《述记》曾这样说：

　　"一味者，即无始来展转和合一味而转，即细意识曾不间断，此具四蕴。……根谓向前细识，生死根本，故说为根。因此根故，有五蕴起。……然一味蕴是根本故，不说言边。其余间断五蕴之法，是末起故，名根边蕴。"

　　他把一味蕴，看做微细的心心所法，是没有色法的四蕴。一味相续的细心，是生死的根本，是间断五蕴所依而起的根本。这一味而转的细心，与论文的"诸蕴从前世转到后世"，不无矛盾。我们应当另求解释，《大毗婆沙论》（卷一一）曾叙述到不明部派的二蕴说。把它对照地研究起来，觉得这与经量本计（说转）的二蕴说完全一致。以《婆沙》的二蕴说，解释说转部的诸蕴移转，是再好也没有了！《婆沙论》说：

　　"有执蕴有二种：一根本蕴，二作用蕴。前蕴是常，后蕴非常。彼作是说：根本作用二蕴虽别，而共和合成一有情，如是可能忆本所作。以作用蕴所作事，根本蕴能忆故。"

《婆沙》的二蕴说，虽在说明记忆的现象，但记忆与业果相续，上面曾一再说过，在过去所作的经验怎样能保存不失的意义上，是有共同意趣的。这二蕴说，依生灭作用的五蕴现象，与恒住自性的五蕴本体，从体用差别的观点，分为作用、根本二蕴。这本来与有部的法体与作用大体相同，但有部关于业果相续与记忆作用，纯粹建立在生灭作用的相似相续上；二蕴说者，却把它建立在诸法的本体上。

他们的思想分化，仍然在说明诸行无常，又怎样可以从前世移转到后世的问题。刹那生灭的诸行，不能从前生转到后生，这几乎是各派见解所共同的。但有部主张有假名补特伽罗，就有移转的可能。犊子部等，认为有不可说我，才能移转。说转部主张有常住的一味的根本微细五蕴，所以有移转。依法体恒存的见地，从前所作的，现在还可以记忆；自作自受，也就可以建立。一味的根本蕴，是诸法的自体，是三世一如，是常住自性，这在有部也是许可的，只是不许在法体上建立记忆等罢了！这一味的根本蕴，确乎是种子思想的前身。在间断的五蕴作用背后，还潜伏着一味恒存的五蕴；一味的五蕴，是生起间断五蕴的根本。这二蕴，拿种子思想来说，就是种子与现行。种子说，虽是依一味蕴等演化而成，但在时间上比较要迟一点。像窥基的一下就用种子、细意去解说它，不免有据今解古的毛病。说转部的二蕴说，是从有部分出的初期思想。《异部宗轮论》除了几点特殊的教义而外，也说说转部与有部大体相同。所以用有部法体与作用的思想去解说它，比种子说要正确得多。

正确理解了一味蕴,说转部的胜义补特伽罗,也就可以解说。胜义,小乘学派每把它认为与真实的意义相同,与世俗的假名相对。既说是胜义补特伽罗,必然是有体的。说转部的二蕴说,虽采用了体用差别的见解,但在建立补特伽罗的时候,却不像有部那样单建立在生灭作用的相续上。依《婆沙论》所说,它是总依根本与作用二蕴,在体用不离的浑然统一上建立的。这和犊子部有同样的见解。说转部的胜义补特伽罗,与犊子系的不可说我,究竟有什么不同?或许是在三世实有与过未无体吧!总之,说转部建立一味常存的根本蕴,一方面是前后相续记忆过去的本体,一方面又是间断五蕴生起的所依。它的目的,还在解决这严重而迫切的问题。

第二项 化地部的穷生死蕴

化地部的穷生死蕴,向来就被唯识学者认为与本识所藏的种子有关,像无著论师的《摄大乘论》(卷上)说:

"化地部中,亦以异门密意说此名穷生死蕴。"

据《摄论》的解说,穷生死蕴,就是阿赖耶识中的种子,只是名字不同罢了。但在唯识思想史的发展上看,只能说这与后世一切种子的阿赖耶识有关,不能说就是瑜伽派的种子。古人对于穷生死蕴的见解,都是依无性《摄论释》而加以推论。"无性释"(卷二)说:

"于彼部中,有三种蕴:一者,一念顷蕴,谓一刹那有生灭法。二者,一期生蕴,谓乃至死恒随转法。三者,穷生死蕴,谓乃至得金刚喻定恒随转法。"

在时间的长短上,建立这三蕴:一种是一刹那;一种是从生到老死;后一种是从无始以来,直到生死的最后边。这有一个疑问:第一种是刹那生灭法,第二与第三,是否也是刹那生灭的呢?假使是刹那生灭的,那就只有一蕴。假使不是刹那生灭,难道是一期常住的吗?古人曾有两种不同的答复:一说,化地部或许与犊子系的正量部相同,主张有长期的四相。就是说,有一类法,生起以后,到最后的灭尽,中间是没有生灭的。一说,虽一切法都是刹那灭的,但依相似相续建立后二种蕴。这里面的一期生蕴,向来都解释为像命根等的一期不断,由业力所感的总异熟果。穷生死蕴,《唯识义蕴》说是"谓第六识别有功能,穷生死际恒不断也"。《唯识学记》说是"至金刚恒转微细意识"。依《摄大乘论》的意思,是依种子说的。

穷生死蕴,在汉译的小乘论典,就是《异部宗轮论》也都没有说到,直到无著论师的《摄大乘论》,才开始有穷生死蕴的记载。这虽不能说在《摄论》时代才有穷生死蕴的思想,但说它是化地部的后期思想,还不致于有什么过失。看看化地部的后期思想吧!《异部宗轮论》说到化地部的末宗异义,有这样的话:

"随眠自性,恒居现在。诸蕴、处、界,亦恒现在。"

这已经在起灭间断一切法现象背后,指出蕴等一切法的念念恒在。这恒居现在,依窥基的解说,就是种子。梁译的世亲《摄论释》(卷二)也有近于种子的解说,它说:

　　"穷生死阴，恒在不尽故，后时色心，因此还生。于无余涅槃前，此阴不尽，故名穷生死阴。"

"后时色心，因此还生"，确是很明显的种子论。但它的恒住现在与穷生死蕴的思想，到底怎样？因为文献不足，难得完满的认识。我们应该记得，化地部是主张诸行刹那灭的，同时又主张色根与心心所都有转变的。这与刹那生灭就不能转变，有前后转变就不能刹那灭的学者，有非常不同的地方。这一点，希望读者给它深刻的注意！"无性释"说：一念顷蕴是一刹那有生灭法，后二蕴都有恒随转法的定义。化地部的三蕴说，或许是这样的：一念顷蕴，是一切有生灭的现象界；后二蕴，都是不离生灭而相续转变潜在的功能。一念顷蕴，指一切法的刹那生灭说的；后二蕴指相续转变说的。依现象界的念念生灭，也说它念念恒存，恒住现在。它刹那转变，与"一切行皆刹那灭"，并无矛盾。它的一期生蕴，是业力所熏发的，能感一期自体果报的种子；直到一期生命的终结，业力熏发的功能也就灭尽。穷生死蕴，是能生一切有漏色心的功能，直到金刚喻定，才灭尽无余。倘果真如此，那它与唯识学上的种子说、等流习气与异熟习气、有受尽相与无受尽相的关系，太密切了！

第三项　大众部的摄识

大众部的摄识，像《显识论》说：

　　"摩诃僧祇柯部名为摄识，即是不相应行。譬如诵经，第一遍未得，第二遍诵摄前第一，如是乃至第十遍诵通利时，即通摄前九。如是初识能变异在第一，如是乃至第九变异在第十中，第十能摄前九。即此第十变异之用，名为摄识；有前九用，故不失前九也。"

大众部建立根本识，这摄识的变异之用是否属于本识，虽还不得而知，但这与大乘的摄藏种子识，不论在名称上、含义上，都是非常接近的。有人说：大众有种子而没有熏习，也可以此摄识去证明它的误解。它用诵经作比喻，说明这摄识的功用。我们诵经之所以能达到通利，不单是属于第一遍或者第十遍的功能，一一地分析起来，哪一遍也不能使我们通利，但也没有离却哪一遍。一遍二遍不是独立的，不是诵了一遍这一遍就跟着消失。诵第二遍时，它含摄着第一遍的力用；这样，到第十遍就摄得前九遍的力用，这才能达到通利。这后后的含摄前前，就含有过去的力用转化来现在，使现在的力用更为强有力的意义，这就是熏习说的一种。其实，二世无的学派，都有这个见解。

摄识，是不相应行所摄的"变异之用"。它是识上的变异之用，还是后念的变用，能含摄前念变用的变异之用。它是变异之用，是能含摄的，是识上的，所以叫摄识；但它并不就是识。三界一切都在变化，这必有变化的力用（种子）。这摄用，不但可以暂时潜在而不致立刻生起变化，在前后的演变中，还能摄取前前的变用。这识上不相应行的能摄前前的变用，岂不等于随逐心识的种子吗？它比正量部的不失法，更要接近唯识学的种子说。从摄识的"识"字去看，它比一分经部的种依六处说，还要接近唯识得多。

第四项　经量部的种习

一、种子说的成立

各派都有种子思想，但特别发挥而贡献更大的，自然要算经部。经部从说一切有部流出，最初建立一味蕴，作为生起五蕴的所依，可说是种子说的胚胎。譬喻尊者，开始使它超出三世实有论，接受过未无体说。后来受着各派思想的激发，才建立起种子说。最引发种子思想的，要算潜在的烦恼与潜存的业力。心不相应行的随眠、不失法、摄识、无作业，还有无表色，也都是向种子思想前进的。经部师也是从业力潜在的思想，慢慢地走上种子论。《婆沙论》中的譬喻师，还没有明确的种子说。《婆沙》集成以后出世的龙树菩萨，在《中观论》里才开始叙到业种相续说。种子说的成立，大概在《婆沙》与《中论》的著作之间。《中论·观业品》说：

> "如芽等相续，皆从种子生，从是而生果，离种无相续。从种有相续，从相续有果，先种后有果，不断亦不常。如是从初心，心法相续生，从是而有果，离心无相续。从心有相续，从相续有果，先业后有果，不断亦不常。"

业是过去了，但还能感果；为解决这因果不相及而能成为因果的现象，才采用了种子生果的比喻。在比喻与合法里，都有三事：

<pre>
种子————————业
根芽等相续——心心相续
果————————爱非爱果
</pre>

业虽然过去,但因造业的心(思),接着有其他的心心所法相续生起,到后来引起了异熟果,这叫从业感果。《顺正理论》(卷三四)所说的,更要明白:

"譬喻宗说:如外种果感赴理成,如是应知业果感赴。谓如外种由遇别缘,为亲传因,感果已灭,由此后位,遂起根、芽、茎、枝、叶等诸异相法,体虽不住而相续转。于最后位,复遇别缘,方能为因生于自果。如是诸业于相续中,为亲传因,感果已灭,由此于后自相续中,有分位别异相法起,体虽不住而相续转。于最后位,复遇别缘,方能为因生于自果。……如是诸业,亦非亲为因,令自果生,然由展转力。"

它见到从种生果的现象,悟出了相续传生的道理。身、口、意三业,都是刹那过去,过去虽是灭无,但还有感果的功能。这能力,是必有,却难于捉摸的。业在灭时,亲生后念的相续心,而给以感果的可能性。这样展转传生下去,遇了外缘,才生起爱非爱的异熟果。约展转传生的意义,说业能感果。像有一杯毒乳,从乳演变到醍醐,虽毒乳的形、色、味都已不在,但还有毒性存在。醍醐杀人,也可以说乳毒杀人。心心不断的相续,成了前业后果的桥梁。这展转传生感果的能力,是潜在的,它是从业引起的,通过相续,达到感果的阶段。

这业力相续的思想,还不全同后代的种子说。它不但不能同时有果,也不是无间生果,它要经过相续传生才能生果。世亲和上座他们的种子与随界,已不是如种生果的种子,是说那相续中潜在的能力。后代唯识学上的种子说,显然是根据这如种相续生果的理论而演化成的。

二、种子的异名

在《顺正理论》(卷一二、卷三四、卷五一),说到诸师各取种子的某一点,而建立了种子、随界(旧随界)、增长、不失(不失法)、熏习(习气)、功能、意行等种种不同的名字。不失与增长,众贤虽把它看成经部种子的异名,但依《成业论》的解说,不失是不相应行所摄的别法,依佛说"诸业不失"而建立的。增长,虽不知它的派别,它依佛说的"福业增长"而建立,这是可以推想而知的。功能,是能生的力用,世亲与上座都采用它。但依"诸师随义差别"看来,似乎也有专用功能一名的学者,像上座的专用随界一样。意行,也是种子的异名,意义不大明白,或许是随意识而流行。习气,已经从烦恼余习的本义演变成种子的异名了。世亲与上座虽没有专用它,大德虽还把习气解说做烦恼所引,但《顺正理论》(卷三四)已说譬喻宗有习气(卷三四说习气不说熏习,卷一四与五一说熏习不说习气,可知这两个名词是一系的)论者。《顺正理论》(卷一四),众贤在抨击《俱舍论》主时,曾说"又如所执,于后心中前心差别所引习气,此不可说异于前心",可见世亲论师也曾用"习气"。习气是熏习的余气,不再单是烦恼气分了。种子,是《俱舍论》主所常用的,它继承古师种子相续生果的思想。它比上座的"旧随界"要通俗些,经上"心种"、"识种"、"五种子"的证据也不少。它在唯识学的能力论里,是胜利者,像细心中的阿赖耶识一样。

最有意义的,要算上座的旧随界。众贤虽批评它"又随界言,非圣教说,但上座等擅立此名"(见《顺正理论》卷一五),但它的含义比种子要丰富得多。"旧",表示这引生后果的功能性,不是生果时新起的。但这是说久久熏习展转传来,不像本有论者的本有(《演秘》卷三,说是"新旧师别,旧名随界",不免望文生义)。"随"呢,它引经证说(见《顺正理论》卷一八):

> "如是补特伽罗,善法隐没,恶法出现,有随俱行善根未断。"

这正与随眠的随相同,都是潜在而随逐的。善心现行时,可以有欲贪等的随眠;恶法出现时,也有随俱行的善根。"界",才是正面说明这能生后果的功能性。界,在佛经上有重要的地位,像十八界、六界。《杂阿含经》有《界诵》,《中阿含》有《多界经》,十力中有种种界智力。界是什么意义?《俱舍》、《顺正理论》都解说做"种族"、"种类"。《俱舍论》(卷一)说:

> "如一山中有多铜铁金银等族,说名多界。如是一身或一相续,有十八类诸法种族,名十八界。此中种族,是生本义。"

界是生本义,也就是因义,本是佛教界共有的解说。上座他们就把熏习所成、能生后果的因性叫做界。又像《顺正理论》(卷七五)说:

> "若如实知诸有情类前际无始数习所成志性、随眠,及诸法性种种差别,无罣碍智,名种种界智力。"

这志性、随眠、法性,是界的异名,是一切众生无始以来数习所成的。《顺正理论》主的目的,虽在说它的种种差别,但界有无始以来数习而成的意义,也是有部共许的。依唯识学的见地来说,这旧随界与"无始以来界"有关。界是各各类别的,又是能生自果的,与矿"藏"有相同的意义。简单说,界是种义;分析起来,就有能生与类别共聚的意义。把它与"旧"、"随"总合起来,确乎能表达种子说各方面的性质。

三、种子的体相

种子是能生后果的功能,是微细难见的,所以上座说"此旧随界体不可说"(见《顺正理论》卷一八);"然其自体不可记别"(见《论》卷四五)。它的性质,只能从它的前因、后果,与潜伏流行的所依中表显出来。上座的解说,像《顺正理论》(卷一八)说:

> "是种种法所熏成界以为其相。……但可说言是业烦恼所熏。"

随界是从业烦恼熏习而来。但怎样熏习,还欠缺明确的记述。《顺正理论》又说:

> "即诸有情相续展转能为因性。"
> "而自相续展转相仍犹为因性。"

"能为因性",是界的作用。它之所以能为因性,是需要展转。虽可说界也是相续展转的,但我们应该注意!刹那过去了的东西,它怎能引起很久以后的果报?虽可以想像它的潜在,但它是微细到不可捉摸的。它潜在哪里呢?于是指出那显而易见的"相续展转"或"展转相仍",像根茎叶一样,使它成为前因后果的连索。这本是譬喻者的共义,"根芽枝叶茎等诸异相法,体虽不住而相续转",是展转相续的注脚。见所依的展转相续,可以想像随界的随逐而转。目的在说明能为因性的相续,但没法作正面的解说,只能在显而易见的相续展转中说。这个说明能为因性的妙方便,后代的唯识学者虽大谈种子,反而有些隔膜了。

世亲论师对种子的定义,像《俱舍论》说:

> "此中何法名为种子?谓名与色于生自果所有展转邻近功能。"(卷四)
>
> "何等名为烦恼种子?谓自体上差别功能。"(卷一九)

《顺正理论》叙述论主的意见,也说:

> "即后心上功能差别,说为种子。"(卷一二)
>
> "于相续中,惑所引功能方名惑种。"(卷六八)

种子是功能,是功能差别,这相当于上座的能为因性。能生自果的功能,是前念熏习所引起的;引生了功能以后,展转传来。说明它的冥传相写,论主常用"相续、展转、差别"去表示它;也有用"展转邻近功能差别"的。这比上座的展转相续,要进步些。《俱舍论》说:

> "此中何法名为种子?谓名与色,于生自果所有展转邻近功能,此由相续转变差别。"(卷四)
>
> "从业相续转变差别生。"(卷三〇)

相续、转变、差别,论主自有解说,像《俱舍论》说:

　　"何名转变？谓相续中前后异性。何名相续？谓因果性三世诸行。何名差别？谓有无间生果功能。"（卷四）

　　"谓业为先，后色心起，中无间断，名为相续。即此相续，后后刹那异前前生，名为转变。即此转变于最后时有胜功能，无间生果，胜余转变，故名差别。"（卷三〇。《顺正理论》卷五一大同）

　　论主的意见，我们只要回忆譬喻者建立种子相续生果的思想，就可以明白。有人专在潜能的见解上去解说，反而难得明了。不论是"后色心起"，或是"因果性三世诸行"，都是说那显而易见的所依相续，像根、芽、茎的相续一样。这相续的色心，从前前引生，所以是果；它能引生后后，所以是因；前后迁流，所以叫诸行；这迁流是刹那刹那中间没有间距的，所以叫相续。这相续的诸行，后后的不同前前，像茎不同芽，花又不同茎。《顺正理论》（卷三四）的"由此于后自相续中有分位别异相法起"，说得再明白不过。我们要注意！所依的相续，不是一味的，有种种的差别，这叫相续的转变。转变到最后，有无间生果的功能现起，像临命终时现起明了的，或重、或近起、或数习的熏习。这无间生果的功能非常强盛，比以前潜伏不同，所以叫差别。差别，依真谛译，有殊胜的意义，就是论上说的功力胜前的胜功能。功能，从前心引起以来，在相续展转的所依中潜流，到最后才显现出来，这已到感果的前一念了。"邻近功能"的邻近，是快要邻近生果的阶段。相续、转变、差别与邻近，应该这样解说！

　　相续转变的所依，本是功能性潜渡的连索。所依既然相续转变，潜流的功能也在相续转变，这是可以不言而喻的。不过，先轨范师的"思所熏习微细相续渐渐转变差别而生",已经是专依种子而解说的了。

四、受熏与所依

能为因性的功能,是熏习所成的,在所依的相续转变中潜流的,这自然要讨论到受熏与所依。无性《摄论释》(卷二)说:

> "若言依止种类句义,六种转识或二刹那同一识类,或刹那类无有差别;由异品故,或即彼识或彼刹那有相熏习。……且有尔所熏习异计,或说六识展转相熏,或说前念熏于后念,或说熏识刹那种类。"

《成唯识论》(卷三)所遮破的受熏异计很多:

五蕴受熏 ┬ 六识受熏
　　　　 ├ 色不相应受熏
　　　　 └ 心所受熏

识类受熏

识事识类前后受(互)熏

单拿经部来说,《成唯识论演秘》(卷三)就说有四计:

> "经部师计,总有四类:一、本经部许内六根是所熏性;……二、六识展转而互相熏;三、前念熏后;四、类受熏。"

《演秘》所说的,就是在无性三说上再加一个六处受熏。现在先从无性的三说说起。这三说,都是建立在六识受熏上的。第一,六识展转相熏,《演秘》虽说它是经部的见解,但经部是不许六识俱时的。无性把"三差别相违"解说为同时受熏，根本还成问题。第二，前念熏习后念，是譬喻宗的本义。它不许有俱时因果，俱有就不能相熏，与唯识瑜伽派不同。那么，前念熏习后念，是它必然的主张。第三，是熏识刹那种类，这又有识类与刹那类二计。识类，依前人的见解，是在前识、后识之上，假立一一昧无别的类性。前心后心不同时，怎能成为熏习？所以建立一贯通前后的假类；是同类，所以就不妨受熏。

无性的三说，在无性、护法的时代，经部师或许有这许多异见，但在无著、世亲论师时，这只是同一的六识受熏。无性的三说是依《摄论》的一颂而来，《摄论》（卷上）说：

> "六识无相应，三差别相违，二念不俱有，类例余成失。"

无著论师的本义，我们当然不能穿凿，但依世亲论师的解说，还可以明白。世亲《释论》（卷二）说：

> "六识无相应者，谓彼诸识有动转故。三差别相违者，谓彼诸识别别所依，别别所缘，别别作意；复有余义，别别行相一一转故。譬喻论师欲令前念熏于后念，为遮彼故，说言二念不得俱有，无二刹那一时而有俱生俱灭熏习住故。若谓此识种类如是，虽不相应，然同识类亦得相熏。如是例余应成过失。……识亦应尔，虽同识法，何得相熏？"

《摄论》叙述了种子六义、所熏四义，证实了唯有阿赖耶识才是受熏者。接着说"六识无相应"一颂，遮破六识的不能受熏。"六识无相应",《释论》解说做"谓彼诸识有动转故"。意思说:六识是忽有、忽无、忽善、忽恶的,欠缺了四义中的"坚"义,所以不能受熏。"三差别相违",世亲《释论》并没有说它破同时展转相熏;不过从六识的所依根、所缘境、作意三种差别,说明六识间彼此相违;相违,所以不能成为受熏者。这不但不是说因"三差别相违"而不能俱时受熏,也不是说因相违而前识不能熏后识。依《摄论》的意思,不论是所依、所缘、作意,或者行相,都要一味相续的,才有受熏持种的能力,这只有赖耶。六识在相续中,忽而眼识,忽而耳识,根、境、作意都不是一味的,彼此相乖,这怎能成为受熏者呢?《成唯识论》的"根、境、作意、善等类别,易脱起故",就是这个思想。但无性见了下文的前后相熏,望文生义地说:

> "若六转识定俱有者,不应所依、所缘、作意三种各别。以各别故,六种转识不定俱生。不俱生故,无定相应。无相应故,何有所熏能熏之义?"

他从六识根、境、作意差别的理由,证明六识不一定俱有。既不定俱有,就没有相应的意义,因此也不成能熏所熏了。窥基不满意他的见解,所以有"第八六识,根等许别,行相亦异,又无同喻,非极成因"。所以他又提出"今释但遮六识体非受熏,……非识恒起,故无熏习,不同无性",这是窥基的卓见。但它却把世亲、无性的意见同样看待,不知世亲论师根本没有这样的见解。

假使参考有部对经部熏习说的批评,这"三差别相违"的本义,更会明白些。《顺正理论》(卷五一),经部师建立它的"且业为先,心后续起"。众贤也用"以业与心有差别故",与从前业后心的体、类、因三种差别来攻评,并没有破它的俱时而有。这虽是旁证,也可以知道不是难它的俱有相熏了。

"六识无相应,三差别相违",是总破六识不能受熏。不论哪一派,只要主张六识受熏,就在所破之内。"二念不俱有",才别破经部譬喻师。理由很简单,前后不能同时有,就没有能熏所熏的熏习义。不过,经部师是不承认被破的。"类例余成失"的"类",在譬喻者的本意,只是一种解说。它以为前识后识同是识,唯其同是识类,所以虽有前后,还是可以相熏。它以"类"说明前念熏后念的可能,并不是与前念熏后不同而另成一派。我们看看《顺正理论》对这个问题的讨论。卷一八中,众贤难破上座的后念六处受熏说,是:

> "若此后时相续六处能感果者,与(前念)业、烦恼都不相应,如何熏彼可成随界?"

这正是从它的前后不俱,难它不能受熏。上座的解说是:

> "岂不因果有相应,与彼相同,令成缘故。"

它的"相同",就是《摄论》的"类",与"然同识类亦得相熏"。众贤的批评,先解说"相同"的意义,是"此相与彼相同",然后用"与彼后时相续六处性类各别"与"彼相亦无,何有相同"的理由来破它,并没有把它的"相同"看成一个抽象而别体的东西。上座用"相同"来解说,也没有分为两派。我们转回来看世亲论师的见解。它的"若谓此识种类如是,虽不相应,然同识类,亦得相熏",也只是说前识后识同是识,彼此是同类,所以不妨受熏。世亲论师也不过难它色根与色根是同类,也应该相熏!结论还是虽然同样是识法,又如何可以相熏?依旧免不了二念不俱的过失。后人解说做另一派,说它建立了类性为受熏者。这类性,还有什么"识类"与"刹那类",受熏还有什么"识熏类"、"类熏识"、"类熏类"。经部师的熏习,成为四计、五计,或者还不止。事实上,经部师的受熏与种子的所依,只有三大派:(一)六识受熏,(二)六处受熏,(三)细心受熏。

在种子说的成立里,引证《中观论》、《顺正理论》,都可以证明譬喻者的本义,受熏与种子的所依是建立在心心所上的。它主张"离思无异熟因,离受无异熟果"。异熟因果是心法,那它的业种相续说,以心为受熏及(业所引起的因性的)所依,是当然的。《顺正理论》(卷三四)也说它的"内法相续,谓前后心恒无间断"。同时,它又是有心无所论者,心心相续,就等于心心所法相续,所以青目说它"初心起罪福,……余心心数法相续生"。

这个思想,在《俱舍》、《顺正理》时代,还在流行。在《俱舍》与《顺正理论》中,凡是上座与世亲论师的色心相续,在众贤引述的时候,总是把它改为心心相续。《俱舍论》(卷四)一再说"所依身","谓名与色";"何名相续,谓因果性三世诸行",这都不是偏于心法的。但《顺正理论》(卷一二)虽也在说"名色者何?谓即五蕴",但又假作世亲论师的口吻说:"天爱!非汝解种子性;前心俱生思差别故,后心功能差别而起",立刻把种子从五蕴转到心法上。它在批评上座的随界时,上座明说"是业烦恼所熏六处",但一转也就转到"如何可执言一心具有种种界熏习"? 最明白的,像:

"谓业为先,后色心起中无间断,名为相续。"(《俱舍论》卷三〇)

"经主于此作如是言:……业相续者,谓业为先,后后刹那心相续起。"(《顺正理论》卷五一)

"经主于此作如是言:……思业为先,后后心生,说名相续。"(《顺正理论》卷三五)

这把"色心"转变为"心心",决不是偶然的失误。心心相续受熏,是譬喻者的本义,当时还流行;所以众贤总是把"色心"转到"心心"上去。

上座主张"六处受熏",上面已一再说过。《俱舍论》主继承先轨范师的见解,也说"名色"或"根身及心"受熏。这六处受熏的思想,是后起的。上座还保持灭定有心的传统思想,先轨范师已接受有部的"无色界无色,无心定无心"的见地。因之,它比上座他们,离譬喻者的本义更远了。上座,好像已放弃譬喻者无色界有色的思想;那无色界中的有情,一切种子只是随逐意处。它的六处受熏及作所依说,并不能彻底。先轨范师更放弃了无心定有心的见解,那它的六处受熏,是更难了。于是乎它想出了色心互为种子说,像《俱舍论》(卷五)说:

"故彼先代诸轨范师,咸言二法互为种子;二法者谓心、有根身。"

《成业论》也说：

> "有作是说：依附色根种子力故，后心还起。以能生心
> 心所种子，依二相续，谓心相续，色根相续。"

叙述得更为详细的，像《瑜伽师地论》（卷五一）说：

> "云何因缘？谓诸色根根依及识，此二略说能持一切
> 诸法种子。随逐色根，有诸色根种子及余色法种子，一切心
> 心所等种子。若随逐识，有一切识种子，及余无色法种子，
> 诸色根种子，所余色法种子。"

《略纂》说这是"随顺理门经部师义"。它建立了一切种子
随逐色根及心的思想；在平时，当然是六处受熏持种，在无色界
与无心定，也不妨五色处与意处受熏，及作种子的所依，不致于
再有种子无依之感了。

世亲论师在《成业论》里，接受一类经为量者的见解，放弃
了色心互持种子说，倡导细心相续，作为受熏及所依处。这一类
经量，达到了大小的交界点。瑜伽派的唯识学，也是从这个思想
体系下出来的。先轨范师的无色界无色、无心定无心，是经部而
有部化的。像《俱舍论》，大家都说它取经部义以补有部的不
足；在另一观点上看，这是经部的毗昙化，从以经为量，走上法门
分别的毗昙门。在这个基础上，再接受大众、分别说系的细心
说，就到了一类经量者的阶段。

　　五、新熏与本有

　　种子从何而来？经部的本义，是熏习而成的；上座与《俱舍

论》主都这样说。在这个见解上，习气与种子没有多大分别，不过种子是说它的生果功能性，习气（熏习）是说从它引发而来。但一类经量的见解就不同，像《成业论》说：

> "即前所说异熟果识，摄藏种种诸法种子。彼彼余识及俱有法善不善性数熏发时，随其所应种力增盛，由此相续转变差别；随种力熟，随遇助缘，便感当来爱非爱果。依如是义，有说颂言：心与无边种，俱相续恒流，遇各别熏缘，心种便增盛。种力渐次熟，缘合时与果，如染拘橼花，果时瓤色赤。"

熏，并不是熏成种子，是熏发种子使它的力量强化。心中摄藏的种子，经过六识及俱有法或善或恶的熏发，它就力量增盛起来。强盛到快要成熟时，再加以现缘的助力，就会感果，这是很明白的种子本有论。依它，种子等于唯识学上的等流因，熏发是异熟因。可以说一切种子是本有的，业力熏发是始有的。《瑜伽论·本地分》的思想，正是这样。

一类经量的种子本有论，就是经部的毗昙化。依有部的见解，一切法，未来世中早已存在，因缘，只是引发它来现在。这种子本有论者，也想像一切法的种子早已存在，在相续中潜流。不过有部的未来法，从现在流入过去以后，再不能转到现在。这种子本有论，种子生果以后，还是存在；（在现在）遇到熏发，它还可以生果，这只是三世有与二世无的不同罢了。在此经部、有部融合的基础上，接受大乘思想，从小有到大有，渐渐地发展起来，在西元五、六世纪，几乎成为大乘佛教的领导者，这不能不使人惊叹它的伟大了!

六、种子的起灭

起灭,不是说刹那生灭,是说功能的发生与消失。譬喻者的种子说,本出发于业力熏习说;处处说善不善性的熏发,引起后后的异熟果。这善恶的种子,由善恶熏习而来,像《顺正理论》(卷一二)说:

> "此中意说不善心中,由善所引展转邻近功能差别以为种子,从此无间善法得生。善心中不善所引展转邻近功能差别以为种子,从此无间不善法生。"

善不善种是由善不善所引起的,它能引生善不善果。无记种是否是无记所引的功能呢?依经部师善恶业感异熟果的见解,主张善不善为因缘而生无记。这善不善所引的功能,既能引生自果,又能生无记;这都是因缘,也是异熟因果。众贤曾这样的诘问它:

> "若上座许唯自相续生起决定得为因缘,云何复许善不善法为因缘生无记异熟?非善不善随界为因可生无记,相续异故。"

《顺正理论》虽说"若谓无记熏善不善故,善不善为无记因",但这是上座的意见,还是众贤的假叙,也不能判明。就是善不善思所引起的功能,可为生起无记的因缘,但无记色法又从何种功能生起呢?这是相当困难的。这只有两条路可走:一、改造有部的思想,承认三性诸法种子的本有,与业力熏发而感异熟果。二、扩大熏习的界限,不单是善恶思心所能熏。后代的唯识学者,都曾走过这两条路,或者还折衷过;但到极尽思辨的护法唯识,还不免有困难存在。

论到它的消失,《俱舍论》(卷三〇)有这样的话:

> "于此义中有差别者,异熟因所引与异熟果功能,与异熟果已,即便谢灭。同类因所引与等流果功能,若染污者,对治起时即便谢灭。不染污者,般涅槃时方永谢灭。"

这已许可一切诸法的种子,都由熏习而来。它的异熟因感果就消失,等流因要到对治或涅槃;这和《摄论》的有受尽相、无受尽相相同,它是扩大熏习的范围了。

七、种子的微妙

种子是能生诸法的功能,它是存在的,有作用的,它在五蕴中属于哪一蕴呢? 随眠、摄识、不失法、增长、无作业,这些具有种子意味的东西,一般都把它归纳在心不相应的行蕴里。经部学者觉得不大妥当,于是乎上座说(见《顺正理论》卷四五):

> "随眠以何为体? 若彼随眠,以彼为体,是随彼法功能性故。或此通用四蕴为体,功能随逐心心所故。此相应性,亦不相应。"

他说随眠的自体,就是欲贪等,就是心心所,所以是相应的;但并没有心心所的作用,所以又不相应。

《俱舍论》主的见解,多少不同些,《俱舍论》(卷一九)说:

> "然随眠体非心相应非不相应,无别物故。烦恼睡位,

　　说名随眠；于觉位中即名缠故。"

这只是言语的变化，其实还是一个意思。种子与所依相续，是没有别体的，可也不能说完全相同，这叫不一不异，像《顺正理论》说：

　　"功能差别种子，与彼善不善心为有别体，为无别体？此无别体。"（卷一二）

　　"于后心中，前心差别所引习气，此不可说异于后心。"（卷一四）

《瑜伽论》（卷五二）随顺经部的思想，说得更为明白：

　　"非析诸行（因果性三世诸行）别有实物，名为种子，亦非余处。然即诸行如是种性，如是等生，如是安布，名为种子，亦名为果。"

　　这到赖耶摄藏诸法种子的思想里，就成为赖耶与种子的不一异了。萨婆多部只许法体与作用的非一非异，却不能同情经部的见解，它要从假实的观点来批评："非旧随界可说犹如补特伽罗，瓶等假有，亦非实有如色等法，是故不应执此为有。"它还可以从总别的见地来攻难："若言是总，种体应假，假为实因不应正理。若言是别，如何可执无记色种为善不善诸法生因？"假使说种子在一心中，那就要问："又于一念一心体中，无有细分，如何能牵爱及非爱俱相违果？"或者说"一心具有种种界熏习，一心多界理不成故"。这当然是有部学者的意见，种子论者老实可以斥责它的不懂得微妙，不知道这边看不妨是无记、是一味,那边看又不妨是善恶、是种种。它无别物,不妨说假有;它有作用,不妨说是实有。总之,种子是非常微妙的。微妙,一切问题,都得到圆满解决!

种子论者,虽懂得这巧妙的解说,但它思想的本质,总觉得要有些实在才有作用。它建立自己的种子论,可以微妙解决,但对于别人,却未便如此笼统。《俱舍论》主,对犊子系的不可说我,非要它说出个究竟,到底是假、是实。护法也要责问识类,你到底是假、是实,是善恶,还是无记。在我看来,微妙的,也就是困难的。在思想上觉得非有些实在性不可的学者,它们的困难,可说无法解除;除非它困难惯了,不再觉得它自己的困难。假使不理解这点,那你就不能理会《中观论》破斥种子的颂文:

　　"若如汝分别,其过则甚多;是故汝所说,于义则不然。"

第五节　无漏种子

第一项　有部的解说

一切法从因缘生,无漏圣道自也不能例外。无漏,要见道(或得正性决定)才能现起,以前的凡夫身中有没有生它的功能性呢? 这就触及无漏种子问题。

有部的见解,因缘生,并不是说新生某一法体,不过从缘使法体生起作用。见道以前还没有无漏现行过,所以初念的无漏法,是没有同类因的。但它还有俱有因、相应因,所以就是初刹那的无漏法,也是有因缘的。这样的因缘论,与种子无关。种子,是亲生自果的功能,在有部的思想上,可说没有这个东西。但有部未来中的一切法,本是从现在而推论到未生前的存在。它虽没有像过未无体论者,把这现起前的存在摄属在现在,把它看作潜在的流行,但也确是本有种子的另一姿态。所以从有部流出的经量本计,与经部反流与有部合化的思想,都会表现出无漏种子本有的见解来。

第二项　经部的解说

一、说转的圣法

初从有部流出的经部,就是说转部,它是有本有无漏种子思想的。《异部宗轮论》说:

"异生位中亦有圣法。"

这圣法,窥基解说做"即无漏种法尔成就"。在凡夫身中的圣法,当然不会生起现行,必然是潜在的、被隐覆的。不论它的名称如何,意义如何,它有无漏种子的性能,这是不会错的。

二、经部的净界与无漏种

从《顺正理论》去看,后期的经部师主张无漏种子本有,但这无漏种子的本身却是有漏的。譬喻者,不许有同时因果的俱有因。因此,有部不立本有无漏种,还可以说有因缘,经部不立本有无漏种,就有无漏无因的困难了。《顺正理论》(卷一五)批评经部的不立俱有因时,就谈到它的净界本有。净界是本有的,但要相续转变,有其他的助缘,才能生起无漏。众贤的难问,虽也说"若是无漏，……若言故少"，但只是双关征诘，不是譬喻者承认净界本是无漏的。《顺正理论》（卷六八）说：

> "然彼论说：此心心所虽为无漏种，而体非无漏，犹如木等非火等性。谓如世间木为火种，地为金种，而不可说木是火性，地是金性。如是异生心及心所，虽是无漏种，而体非无漏。……又彼部论言：钻前无热，故谓所钻木未被钻时，热犹未有，故知木内未被钻位无火极微。……许无漏法用有漏法为能生因，于教及理俱无违害。"

我们要知道：佛法内有两个思想：（一）一法的生起，虽需要种种的条件，但它不是假合的，有它的自性；在它未生以前，已经具体而微地存在。假使没有这自性亲因，虽有其他的助缘，也不能生起。（二）认为某一法的生起，需要种种的因缘，离因缘即失其存在。因缘有亲有疏，但亲疏只是必要与不必要的问题，就是主要条件，也不必是一个。这两个思想对立着，经部虽不是彻底的，但它的本有无漏种子，是属于后一系的。

有漏、无漏，在有部看来，是划然两截的。说有漏心心所法可以作为无漏的能生因，当然不能同意。经部师觉得因中不必有果，有漏位上不必有无漏的无漏种子，像木中不必有火极微一样。因缘和合时，就可以从有漏的心心所生起无漏。但经部的思想，不能说没有困难：它是新熏论者，承认有漏种子，是有漏善恶所引起的能为因性；无漏种子，却不是无漏所引起的功能。在它的种子定义上，有着绝大的破绽。

三、大德的白法习气

大德逻摩的白法习气说,可说是弥补经部无漏种子的缺陷的,《顺正理论》(卷二八)说:

> "大德逻摩作如是说:……世尊昔在菩萨位中,三无数劫修诸加行,虽有烦恼而能渐除烦恼,所引不染习气,白法习气,渐令增长。后于永断诸漏得时,前诸习气有灭不灭。以于长时修加行故,证得无上诸漏永尽,然佛犹有白法习气,言习气有灭不灭故。"

三无数劫,是菩萨修行的时间,这都是有漏的。但在这个时期,却能渐渐地熏成白法习气。习气在经部,早已与熏习、种子打成一片。这白法习气,也就是净界或无漏种。它虽是有漏善熏习所引起的,却能成佛而不灭。虽不能判明它是有漏还是无漏,虽不知是否大德的创说,但它确是给新熏无漏种子一个暗示,《瑜伽·抉择分》与《摄大乘论》的有漏闻熏,成为生起无漏现行的因缘,不能说与这个思想没有关系吧!

第三项   大众分别说系的解说

《成唯识论》(卷二)说:

> "分别论者虽作是说:心性本净,客尘烦恼所染污故,名为杂染。离烦恼时,转成无漏,故无漏法非无因生。"

心性本净论者的净性,上面已一再说过。它在心心相续中,指出这明了觉知性是本净的。有漏、无漏,只是有无烦恼、随眠隐覆的不同。有漏位的心识,它虽没有给予无漏种子的名称,但"无漏法非无因生",也早就适合无漏种的条件了。它与经部同样的以有漏心为无漏因,经部或者还是受了分别说系的影响。经部没有指出贯通有漏无漏的觉性,似乎还不及大众分别说系透彻。

第四章　无境论探源

唯识,有认识论上的唯识,有本体论上的唯识。我们所认识的一切,即是识的影像,这是认识论上的唯识。至于宇宙人生的本体,是否唯识,却还有问题。有人虽主张认识中的一切,只是主观心识的影像,但对认识背后的东西,却以为是不可知,或者以为是有心有物的。假使说心是万有的本体,一切从此出,又归结到这里,那就是本体论上的唯识了。这本体论的唯识,在认识上,却不妨成立客观的世界。佛教的唯识,当然是出发于认识论,又达到本体论的。到了本体的唯识论,又觉得所认识的有它相对的客观性,这才又转到认识论上不离识的唯识了。部派佛教里,没有本体论上的唯识学,认识上的唯识无境,却已相当的完成。

唯识思想的成熟,主要是佛弟子们依着止观实践,而获得随心自在的事实证明。理论上,从非断非常的业感缘起的探讨下,展开了细心、细蕴、真我的思想,能为因性的种习随逐的思想。因大众、分别说、譬喻师的建立业因业果在心心所法的关系,心与种习结成非一非异的融合,完成唯识思想的一面。

任何学派,没有不承认我们认识的不正确,没有见到真理的全面,或者根本没有认识。佛教的生死轮回,就是建立在一切错误中的根本错误上——无明。它障碍了真智的显现,蒙蔽歪曲了事理的真相,使我们在虚妄的认识下,颠倒造业,流转生死。所以要解脱生死,就要看透我们的根本妄执。在这点上着力,才能突破生死的罥索，得到解脱。要知道什么是错误的认识，就要研究到我们究竟认识些什么？这些不是真相，那真相又是什么？在这样的要求下，认识论就发达起来，引出了妄识乱现的思想、外境无实的思想，这又完成唯识学的另一面。等到这细心、种子，与无境的思想融合，唯识学也正式完成。

我们有种种的错误认识，像无常计常、非我计我、无乐计乐、不净计净。一般人见到的快乐、清净，在圣者看来，却完全不然。不但凡圣的见解不同，就是凡夫，也是因人而不同的。对象好像共同，而引起的感情、观念不同，这可以知道我们所认为如何如何，并不就是实在，是因能知的心情而转移的。这样，经部师就提出了"境不成实"的思想，如《大毗婆沙论》（卷五六）说：

> "譬喻者说：能系结是实，所系事是假，补特伽罗亦假。……彼说有染与无染境，不决定故，知境非实。谓如有一端正女人，种种庄严来入众会，有见起敬，有见起贪，有见起嗔，有见起嫉，有见起厌，有见起悲，有见生舍。应知此中子见起敬，诸耽欲者见而起贪，诸怨憎者见而起嗔，诸同夫者见而起嫉，诸有修习不净观者见而起厌，诸离欲仙见起悲愍，……诸阿罗汉见而生舍。由此故知境无实体。"

犊子部主张境、结、补特伽罗都是真实的。有部虽说补特伽罗是假，境也还是真实的。它认为"由境界力令彼别故，……一聚中容有二境故"。它以为所见的境界虽是不净的，但它本身也含有少分净相。依止这少分净相，想为非常的清净，因此起贪。倒想为非常清净，确乎靠不住；但这所依的少分净相，不能说不是真实。譬喻者的见解却不然,境界的可意、不可意,因可意而生贪,不可意而生嗔,这要在某一有情的认识上才能成立,并不是离却能知心,而有可意、不可意的决定境界。所以《顺正理论》(卷五三)中说:

> "譬喻部师作如是说:由分别力苦乐生故,知诸境界体不成实。以佛于彼摩建地迦契经中说:诸癫病者触苦火时以为乐故。又说一色于一有情名可意境,非于余故。"

单是这样,只能成立我们情绪上的苦、乐、爱、恶,是由心的分别力而生,不属于外境的本身,与唯识无境的思想相差还很远。但它还有其他的见解,像《顺正理论》(卷五三)说:

> "又如净秽不成实故,谓别生趣同分有情,于一事中取净秽异。既净秽相非定可得,故无成实净秽二境。"

有情因业力的关系,在某一趣内受生,或人、或天、或畜生、或饿鬼,因生趣的不同,所见的净秽也有差别。像人见海水充满、清净;饿鬼却见干涸得一无所有,或者是脓血、火焰。这随类所见的不同,不但是感情观念的不同了。境不成实,更可以得一证明。后代的唯识家,常用"天见宝庄严,人见为清水,鱼见为窟宅,鬼见为脓血"的一境四心,证明外境的无实,也只是"谓别生趣同分有情,于一事中取净秽异"的见地。

经部的上座,主张十二处是假有(大众系的说假部,也有此主张),这更接近唯识了。《顺正理论》(卷四)说:

> "此中上座作如是言:五识依缘俱非实有,极微一一不

成所依所缘事故,众微和合方成所依所缘事故。……故处
是假。"

它从五识的不能缘极微相,断定——极微的自体,没有作五
识的所缘用。不但——没有所缘用,就是众微和合,众微还是没
有作所缘的作用。与"如盲一一各住无见色用,众盲和集见用
亦无"一样。这样,五识所缘的境界,只是和合的假相,不是真
实。五根极微,不论一一或是和集,也同样的不能为五识的所
依,五识是依根微和合的假用。十色处既然是假,法、意二处也
不是成实,这是可以比类而知的。十二处是假,虽是说所依、所
缘的无实,但所缘不但是五色处,与无为、受、想、行的别法处,它
是可以总摄一切的,像《顺正理论》(卷三)说:

"又上座说:诸法无非意所行故,皆法处摄。"

所缘的六处无实,实际上达到了凡是我们所认识的一切,都
不是真实的结论。真实的是什么? 是十八界。它在认识论上,
可说是二元的。凡是有漏心所认识的一切,都是假的,不是法的
实相;在我们所认识的假相背后,隐着真实的因果法相——十八
界。这个见解,初期的瑜伽派,像《本地分》也还取同样的见地。
它建立了离言自性、假说自性。在世间所认为真实的假说自性
背后,还有它所依的真实的离言自性。它要建立有宗,它认为没
有这离言的实性,无法建立因果缘起,它要反对彻底无自性的
大乘。

经部的所缘无实,与遍计所执的假说自性有关。经部师,怎
样从认识论的见地去解说所缘无实呢? 拿眼识缘色来说:假使

说眼识所显现的青色,就是眼识直接的亲缘到的外境,这除却正量部的直取外境以外,小乘都是不承认的。见色的时候,心上觉得它是什么形相,是什么名称,这名、相,只是总名、总相,也可说是概念。总名、总相,不是青色的自体,它是无实的。这样的见解,不但经部,有部也会承认。但依有部的见解:这总名与总相,是意识的境界,确不是色法的真相。眼识虽不能见一一极微的自相,但眼识上所显现的色相,不论是极微的和合或和集,它总是从那一一极微来的。换句话说,意识上抽象的概念不是真实的色法,但依识上所显现的青色,不能说不依客观的青色而成立。眼识所见的青相,与色法的青相,是一致的。它的见解,青色是它自体是这样的,不是因能缘的心识而是青是色的,所以它主张眼识能缘实境。但在经部看来,眼识并不能见到一一极微的自相,只见到和合的假相。这和合相,极微上是没有的。所以眼识上所显现的青相,不与外界存在的青色一致。因此,眼识不能缘实境。眼识虽缘不到色法的自相,但并不能说没有青色。假使没有超认识的青色,也不能依它而在眼识上显现和合的青相。有部与经部的认识论,有着很大的差别。

瑜伽派,认为凡是有漏心识所认识的,都是假说自性,都不能离却名言相。像有部的客观存在的青相,是必然要反对的。没有名言识的力量,决不能知道它是青是色。它与经部一样的,在假说自性的背后,建立离言自性。这一一法的依它离言自性,是必有的,不然就是恶取空。一切境界,都不离心识名言的势力,这虽已达到了认识论上的唯识,但隐在认识背后的离言自性,经部说是十八界,瑜伽派也承认它是缘起因果,也不见得就是心吧！似乎也没有充分理由，证实它就是虚妄分别的心心所。《真实义品》成立离言自性，引用小乘共许的教典，我不知它比经部高超了多少！

在认识论上，达到境不成实的思想；在因果相续的缘起论上，达到了细心持种能生一切的见解。彼此结合起来，这依它离言自性，就是心中种子所变现的，它就是心，这是真实。等到拦入认识界，它就出现了别体能取所取的现象，这是不真实的。"实无外境，唯有内识"的唯识论，宣告成立。

中华书局

| 初版责编 | 陈　平 |